本书为教育部人文社会科学研究基金青年项目"团队层面的高参与工作系统对员工及团队创造力的跨层次影响与涌现机理研究"（17YJC630126）的阶段性成果

组织创造力的提升路径与对策研究：

基于参与导向的人力资源管理视角

宋文豪　著

上海交通大学出版社
SHANGHAI JIAO TONG UNIVERSITY PRESS

内容提要

本书主要采用文献研究法、访谈与专家咨询、问卷调查与统计检验相结合的实证研究方法,分析了参与导向的人力资源管理实践的结构与维度,并构建了基于中国应用场景下的测量工具和量表。此外,本书从人力资源柔性视角和知识整合能力视角,探讨了高参与工作系统对组织创造力及绩效的作用机制,旨在激发组织内部员工的积极性和参与性,为提升组织创造力及绩效提供理论和政策支持。

本书适合人力资源管理相关专业的研究者及本科生参考阅读。

图书在版编目(C I P)数据

组织创造力的提升路径与对策研究：基于参与导向的人力资源
管理视角 / 宋文豪著. —上海：上海交通大学出版社,2019
ISBN 978 - 7 - 313 - 22134 - 6

Ⅰ.①组… Ⅱ.①宋… Ⅲ.①企业管理-人力资源管理-研究
Ⅳ.①F272.92

中国版本图书馆 CIP 数据核字(2019) 第 230959 号

组织创造力的提升路径与对策研究：基于参与导向的人力资源管理视角
ZUZHI CHUANGZAOLI DE TISHENG LUJING YU DUICE YANJIU：
JIYU CANYU DAOXIANG DE RENLI ZIYUAN GUANLI SHIJIAO

著　　者：宋文豪
出版发行：上海交通大學出版社　　　　地　　址：上海市番禺路 951 号
邮政编码：200030　　　　　　　　　　电　　话：021 - 64071208
印　　刷：常熟市文化印刷有限公司　　经　　销：全国新华书店
开　　本：710mm×1000mm　1/16　　印　　张：12
字　　数：207 千字
版　　次：2019 年 12 月第 1 版　　　　印　　次：2019 年 12 月第 1 次印刷
书　　号：ISBN 978 - 7 - 313 - 22134 - 6
定　　价：69.00 元

前　言
Preface

　　在日益复杂的外部环境下,企业面临着激烈的市场竞争,创新是企业获得持续竞争优势的关键。组织创造力作为组织创新的起点,对于提升组织绩效、促进企业可持续发展具有重要作用。以往一些学者探讨了组织战略对组织创造力的影响,另有一些学者开始探讨知识获取、组织学习等因素对组织创造力的影响,但少有学者研究高参与人力资源管理实践对组织创造力的影响。组织创造力来源于组织内部个体的创造力,充分发挥组织内部具有创造性的员工的积极性和参与性,对于提升组织创造力具有重要的作用。因此,组织如何激发内部员工的积极性和参与性,并进行有效的管理,这对提升组织创造力及绩效具有至关重要的作用。

　　高参与工作系统对于提升组织创造力及绩效具有重要的作用。一方面,高参与工作系统能够提升组织的人力资源柔性,而组织人力资源柔性会促进组织内部员工创造性地解决问题,进而产生新颖的和有价值的想法,最终会提升组织创造力及绩效。另一方面,高参与工作系统能够促使组织有效地整合内外部知识资源,进而提升组织的知识整合能力,最终会影响组织创造力及绩效。

　　高参与工作系统对组织创造力及绩效具有重要的影响,组织集体主义和互动导向在两者之间具有重要的作用。一方面,组织集体主义能够影响组织内部员工的态度和行为。高参与工作系统与组织集体主义的有效互动能够提升组织的人力资源柔性,最终会提升组织创造力及绩效。另一方面,互动导向能够促使组织从外部获取知识和信息等资源，并将从外部获取的知识资源在组织内部进行有效的整合，这样能够提升组织的知识整合能力，进而对组织创造力及绩效产生积极的影响。

本书在文献综述的基础上，采用描述统计方法、回归分析方法和Bootstrapping检验等方法，探讨高参与工作系统对组织创造力及绩效的作用机理。本书旨在解答以下问题：①高参与工作系统如何测量？高参与工作系统能否对组织创造力及组织绩效产生影响？组织创造力在高参与工作系统与组织绩效之间是否具有中介作用？②在人力资源柔性视角下，高参与工作系统对组织创造力及绩效的作用机制是什么？组织集体主义能否调节高参与工作系统与人力资源柔性的关系？是否存在组织集体主义调节高参与工作系统对组织创造力及绩效的间接效应？③在知识整合能力视角下，高参与工作系统对组织创造力及绩效的作用机理是什么？互动导向能否调节高参与工作系统与知识整合能力的关系？是否存在互动导向调节高参与工作系统对组织创造力及绩效的间接效应？

本书以资源基础观和新制度理论为基础，采用套问卷的形式，对不同企业的中高层管理者和员工进行调研。围绕上述研究思路与问题，本书开展以下研究：

（1）对高参与工作系统的测量条目进行了修订并对量表进行预测试。本书在分析高参与工作系统的内涵结构及维度的基础上，结合高参与工作系统的具体指标，通过对多家企业代表的访谈，归纳和概括了高参与工作系统的量表，最后通过问卷调查验证该量表的信度和效度。量表的探索性因子分析表明，高参与工作系统是由认可实践、授权实践、能力发展实践、公平薪酬实践和信息共享实践构成的。量表的验证性因子分析、信度及效度分析表明，本研究所修订的高参与工作系统量表是合理有效的。

（2）高参与工作系统对于组织创造力及绩效的作用分析。在修订高参与工作系统量表的基础上，探讨了高参与工作系统对组织创造力及绩效的直接效应，以及组织创造力的中介作用，研究发现：①高参与工作系统显著地正向影响组织创造力；②高参与工作系统显著地正向影响组织绩效；③组织创造力在高参与工作系统与组织绩效之间具有中介作用。

（3）从人力资源柔性视角研究高参与工作系统对组织创造力及绩效的作用机制。本研究探索了高参与工作系统与组织集体主义的交互作用项对组织创造力及绩效的影响，并探讨了人力资源柔性的中介作用，研究发现：①高参与工作系统能够积极地影响人力资源柔性。②人力资源柔性在高参与工作系统与组织创造力之间具有中介作用。③人力资源柔性在高参与工作系统与组织绩效之间具有中介作用。④组织集体主义正向调节高参与工作系统与人力资源柔性之间的关系。

（4）从知识整合能力视角研究高参与工作系统对组织创造力及绩效的作用机制。本研究探讨了高参与工作系统与互动导向的互动对组织创造力及绩效的影响，并分析了组织知识整合能力的中介作用，研究发现：①高参与工作系统显著地正向影响组织的知识整合能力。②组织的知识整合能力显著地正向影响组织创造力及绩效。③组织的知识整合能力在高参与工作系统与组织创造力之间具有中介作用，组织的知识整合能力能够中介作用于高参与工作系统与组织绩效的关系。④互动导向正向调节高参与工作系统与组织的知识整合能力之间的关系；互动导向正向调节高参与工作系统通过组织的知识整合能力影响组织创造力的间接效应；互动导向正向调节高参与工作系统通过组织的知识整合能力影响组织绩效的间接效应。

本书的创新点主要包括以下方面：

（1）在修订和验证高参与工作系统量表的基础上，揭示了高参与工作系统对组织创造力及绩效的正向关系。

（2）揭示了人力资源柔性在高参与工作系统与组织创造力及绩效之间的中介作用，以及组织集体主义的调节作用机制。

（3）揭示了组织的知识整合能力在高参与工作系统与组织创造力及绩效之间的中介作用，以及互动导向的调节作用机制。

目　录
Contents

第 1 章

绪　论

1.1　研究背景

1.1.1　现实背景

随着全球经济一体化的发展,市场竞争日益激烈,企业生存和发展面临着巨大的挑战,企业如何获得较高的组织绩效和持续竞争优势成为业界和学术界重点关注的一个问题(Martins & Terblanche,2003)。众多学者认为现代企业的生存与发展主要依赖于组织的创新活动,组织创新已经成为企业提升组织绩效、获得持续竞争优势的重要方式(Martins & Terblanche,2003;Salavou et al.,2004)。组织创造力对于组织创新具有重要的作用,因此,学者们开始关注组织创造力的研究(Zhou et al.,2005)。组织创造力是指在复杂的社会系统下,组织产生一系列新的、有用的想法,形成与新产品、新服务、新工艺等有关的解决方案的能力,这些创造性的想法在组织中成功地运用,能够提高组织绩效(刘新梅等,2010)。

在我国企业国际化进程加快的背景下,组织的创造力逐渐成为企业发展的核心竞争力,越来越受到企业管理者的重视。尤其在我国经济转型的大环境下,企业的核心竞争力从资源优势转变为创新优势(Zhang et al.,2011)。组织创造力是组织创新的根基。组织的所有创新都源于员工的创造性想法(Amabile et al.,1996)。这些想法能使企业根据不断变化的市场环境及时调整战略方向,能够促进企业快速发展,使企业获得持续竞争优势(Nonaka,1994;Madjar et al.,2002)。

企业内部员工创新性想法的产生和运用离不开企业的人力资源管理实践活动。在中国经济转型的背景下,企业需要转型,采用开放性的系统理念管理自身的实践活动,以便提升组织内部富有创造力的员工的积极性和参与性,使企业能够适应复杂和动态的外部环境。而高参与工作系统在促进组织内部员工的积极性和参与性方面具有重要的作用(Lawler,1992;Edwards & Wright,2001)。高参与工作系统是指一系列人力资源实践活动的组合。它强调人力资源管理实践的"系统性"和"整体性",能够有效地促进组织内部员工知识的增长和技能的提升,进而增强组织的人力资本和其他资本,这些资本是提升组织创造力及绩效的基础,最终能使组织获得持续的竞争优势(Edwards & Wright,2001;Paré & Tremblay,2007)。

企业在面对复杂的内外部环境时,为获得持续的竞争优势,需要保持适度的柔性能力。人力资源柔性作为企业柔性能力的重要方面,在动态的环境中,它通过提升组织创造力和绩效,能够促使企业获得竞争优势。由于技术更新换代在加速,在激烈的市场竞争中,企业需要从外部获取知识和信息,这些知识和信息必须在企业内部进行有效的整合才能成为企业独特的、难以模仿的资源。在整合外部资源的过程中,企业的知识整合能力能起到重要的作用。知识整合能力能够提高企业的资源利用效率,充分利用这些资源是提升组织创造力及绩效的基础。因此,企业的人力资源柔性和知识整合能力在促进组织创造力及绩效方面具有重要的作用。

人力资源柔性和知识整合能力的提升离不开企业的人力资源管理实践。高参与工作系统可以通过一系列人力资源管理实践政策影响组织内部员工的积极性和参与性,提升组织的人力资源柔性和知识整合能力,而组织的人力资源柔性和知识整合能力能够提升组织内部人力资本和组织资本,这些资本都是提高组织创造力及绩效的基础。因此,探讨高参与工作系统对组织创造力及绩效的作用机理,对提升组织创造力和组织绩效具有重要的现实意义。

1.1.2 理论背景

在当前经济转型的背景下,如何提升企业的创新能力和促进高新技术产业的快速发展,成为亟待解决的问题之一。组织创造力对于提升企业创新能力和组织绩效具有重要作用(Woodman et al.,1993)。于是,有学者开始关注组织创造力的研究。Woodman 等(1993)认为组织创造力是一系列个体、团队和组织特征的函数,这些特征交互影响组织创造力,同时他们还指出员工的创造力是组织创造力的基础和源泉。由此可见,组织创造力包含多层次的内容,充分发挥企业具有创造性的员工的积极性和参与性,对于提升组织创造力具有重要的作用。因此,企业采用哪些管理实践增强员工的积极性和参与性,进而提升组织创造力,成为本书重点探讨的问题。

目前,学者们重点探讨了个体和团队层面的创造力影响因素和作用机理,并取得了丰富的研究成果(Zhou & George,2001;Zhou & Shalley,2003;Choi & Thompson,2005)。而组织层面的创造力研究还处于探索阶段,已有研究深入探讨了战略导向对组织创造力的作用机理(Zdunczyk & Blenkinsopp,2007;耿紫珍、刘新梅、杨晨辉,2012;刘新梅、刘超、江能前,2013;刘新梅等,2013)。随着研究的不断深入,学者们开始探讨战略人力资源管理实践对组织创造力的影响。其中,有少数学者研究承诺型人力资源管理实践和控制型人力资源管理实践对组织创造力的影响,结果发现承诺型人力资源管理实践能够显著地正向影响组织创造力,而控制型人力资源管理实践则显著地负向影响组织创造力,组织学习能力在两者之间具有中介作用(刘新梅、王文隆,2013)。由此可见,不同类型的人力资源管理实践对组织创造力的影响具有显著的差异性。高参与工作系统作为一种重要的战略人力资源管理实践类型,它强调通过员工参与、利用隐性知识来提升组织绩效(张正堂、李瑞,2015)。组织创造力是一系列个体、团队和组织特征的函数,这些特征交互影响组织创造力。同时,有学者还指出员工创造力是组织创造力的基础和源泉(Woodman et al.,1993)。高参与工作系统能够影响员工的技能、动机和内在激励,这样会对富有创造性的员工的积极性和参与性产生影响(Zatzick & Iverson,2006;Paré & Tremblay,2007)。那么高参与工作系统能否通过发挥富有创造性的员工的积极性和参与性来提高组织创造力,以及通过什么路径来影响组织创造力,目前尚未有学者对比进行深入探讨。

本书在组织层面不仅探讨高参与工作系统对组织创造力的直接作用,还深入探讨了两者之间的传递链条。高参与工作系统是指一系列人力资源管理实践的组合。这种组合能够对员工的技能、动机和内在激励产生影响,是组织获得竞争优势的来源(Zatzick & Iverson,2006;Paré & Tremblay,2007)。根据资源基础观,组织所拥有的资源是企业获得竞争优势的来源,组织的人力资本和知识资本是重要的资源,这些资源的有效配置和整合是提升组织创造力的基础和条件(Barney,1991;刘新梅、王文隆,2013)。尤其是在动态、复杂的外部环境下,一方面,已有研究表明人力资源柔性作为组织柔性的一个重要方面,对于企业适应外部环境的变化,以及获得较高的企业绩效和持续竞争优势具有重要作用

（Bhattacharya et al.，2005；Beltrán-Martín et al.，2008）。因此，众多学者探讨了组织人力资源柔性的影响因素。人力资源管理实践是影响人力资源柔性的重要方面，高参与工作系统在增强组织的人力资源柔性方面起到了重要的作用，人力资源柔性能够对组织的人力资本产生影响（Wright et al.，2001），进而会对组织创造力产生积极的作用。另一方面，为了应对激烈的市场竞争，企业需要从外部获取信息、知识和技术，这些从外部获取的信息、知识和技术，以及组织内部现有的资源必须通过企业内部的人力资源才能实现有效的整合。高参与工作系统通过一系列的人力资源管理实践活动，能够把外部获取的资源和组织内部的知识进行有效的整合，进而提升组织的知识整合能力，最终影响组织创造力及绩效。因此，根据以上的研究思路，本书从人力资源柔性和知识整合能力这两个角度探讨高参与工作系统对组织创造力的作用机理，并深入研究两者之间的传递链条。

组织创造力的影响因素研究主要集中在组织制度与组织文化两个方面。组织制度作为一种"硬实力"，是一种理性的管理工具，对于组织创造力有着重要影响（Elenkov et al.，2005；Gupta et al.，2007）。组织文化作为一种"软实力"，是影响组织创造力的重要因素之一（Amabile et al.，1996）。实际上，组织制度和组织文化对组织创造力产生互补性的作用，在影响组织创造力方面扮演着不同的角色（Martins & Terblanche，2003）。

新制度理论重点强调企业管理者应当根据组织生存和发展的需要，采取相应的措施来改变制度环境的限制，使制度环境能够支持组织的发展以提升组织竞争力（Meyer & Rowan，1977）。战略导向作为组织制度的一个重要方面，对组织创造力产生积极的影响（耿紫珍、刘新梅、杨晨辉，2012）。互动导向作为一种重要的战略导向类型，在促进企业从外部获取信息、知识和技术方面具有重要的作用（Ramani & Kumar，2008）。在互动导向下，企业内部员工与顾客的互动更加频繁，这样能使企业从外界获取更多的信息、知识和技术，但获取的这些外部资源必须在组织内部进行有效的整合才能成为企业独特的资源。在资源获取和整合的过程中，离不开企业人力资源管理实践活动以及员工的参与。高参与工作系统能够促进员工的参与，使组织从外部获取的资源能在组织内部进行有效的整合，进而提升组织的知识整合能力，最终会影响组织创造力及绩效的提升。因此，高参与工作系统与互动导向的交互作用对于提升组织的知识整合能力具有重要的作用，进而影响组织创造力及绩效的提升。

组织文化作为一种"软实力"，是影响组织创造力的重要因素之一（Amabile

et al.，1996)。组织文化和组织制度对组织创造力产生互补性的作用，在影响组织创造力方面扮演着不同的角色(Martins & Terblanche，2003)。高参与工作系统通过一系列的人力资源管理实践影响组织员工的积极性和参与性(Paré & Tremblay，2007)。组织内部员工在参与企业的管理实践活动中会受到组织文化的影响，尤其在强调组织集体主义价值观的背景下，组织集体主义文化价值观能增强员工之间的合作关系，这样就会形成积极的交换氛围，进而促进组织内部的知识共享和交换(Collins & Smith，2006)。在这种价值观的指导下，高参与工作系统能够进一步促进组织内部知识的共享和交换，进而提升组织的人力资源柔性，最终影响组织创造力及绩效的提升(Robert & Wasti，2002；Goncalo & Staw，2006；Paré & Tremblay，2007)。由此可见，高参与工作系统与组织集体主义的互动对于提升组织创造力及绩效具有重要的作用。

　　本书以资源基础观和新制度理论为基础，从人力资源柔性和知识整合能力视角，探讨高参与工作系统对组织创造力及绩效的作用机理，为提升组织创造力及绩效提供了一个新的路径。尤其在我国经济转型和强调企业自主创新的背景下，企业所处的内外部环境比以前更加复杂，研究高参与工作系统对组织创造力及绩效的作用机制，探索与提升组织创造力和组织绩效相适应的战略导向，为实现企业创新和企业竞争优势的提升，并推动经济发展模式的成功转型，具有重要的理论意义和现实意义。

1.2　研究意义

　　本书从人力资源柔性和知识整合能力视角，构建理论研究模型，全面剖析了高参与工作系统对组织创造力及绩效的作用机制，能够对现有研究进行有效的补充和拓展，丰富了现有理论的内涵。

1.2.1　理论意义

1. 将丰富现代人力资源管理理论

　　以往学者的研究重点聚焦在战略人力资源管理上面，随着市场竞争日益激烈，为了应对内外部环境的变化，高参与工作系统受到众多学者的关注。高参与工作系统强调信息、知识、决策权等资源向一线员工转移，但学者们对于采用什么样的人力资源政策促进员工参与，也就是高参与工作系统的构成，还没有达成共识(程德俊、赵曙明，2006)。由于研究视角的不同，高参与工作系统的内涵界定以及测量开发具有较大的探索空间。本书对高参与工作系统的概念内涵和维度构成进行了系统的分析，修订了相应的测量工具，并对其维度进行验证，所形成的研究结论将进一步丰富现有的人力资源管理理论。

2. 将深化组织创造力理论

组织创造力对于提高组织创新能力和组织绩效具有重要的意义。Woodman 等(1993)认为组织创造力是由个体、团队和组织三个层面构成。组织创造力是一系列个体、团队和组织特征的函数，这些特征交互影响组织创造力。目前已有研究多是探讨个体创造力和团队创造力的影响因素(Zhou & George，2001；Shalley & Gilson，2004)，对组织层面的创造力研究还处于探索阶段，仅有少数研究从战略导向、战略人力资源管理实践、组织文化等方面探讨对组织创造力的影响。本书以资源基础观和新制度理论为基础，探讨高参与工作系统对组织创造力的作用机理，即高参与工作系统通过何种路径影响组织创造力。一方面，本书从人力资源柔性视角，探讨了高参与工作系统对组织创造力产生的影响，研究发现高参与工作系统通过人力资源柔性积极地影响组织创造力，揭示了高参与工作系统对组织创造力的作用路径。另一方面，从知识整合能力视角，本研究探讨了高参与工作系统与互动导向的交互对于组织创造力的作用机理，研究结论揭示了高参与工作系统对组织创造力的作用机理，有利于理解组织制度与组织文化的互补性在提升组织创造力中的作用，将有助于推进组织创造力的理论研究，为后续组织创造力的研究奠定基础，对组织创造力理论的发展具有一定的促进作用。

3. 将深化战略导向理论的内涵

虽然组织战略导向理论就战略导向的分类及战略导向对组织创新和组织绩效的作用进行了充分论述，但在互动营销的背景下，互动导向作为战略导向的一种重要类型，少有研究探讨互动导向对组织创造力的影响。目前国内学者重点研究互动导向对组织绩效的影响。本书则引入互动导向这一概念，探讨了高参与工作系统与互动导向的交互对组织创造力及绩效的作用机理，并深入分析高参与工作系统如何通过知识整合能力影响组织创造力及绩效。本研究将深化互动导向在促进高参与工作系统与组织创造力及绩效的内在作用机制中所起到的作用，将进一步深化战略导向理论的内涵。

1.2.2 实践意义

(1)为提高企业自主创新能力，从微观层面提供了理论和实证的支持。当前,我国正处在经济转型和产业结构优化升级的关键时期,如何促使经济发展和生态文明建设协调发展,保持经济和环境的可持续发展,企业自主创新能力是关键的一环。因此,提高企业的创新能力是转型期经济发展和生态环境建设的必经之路。而企业创新来源于组织创造力,通过研究组织创造力的作用机制,有利于提升企业的创新水平,最终为推动企业的自主创新能力提供理论支持。

(2) 为企业制定参与性的人力资源管理实践政策提供依据。本研究探讨了高参与工作系统对组织创造力及绩效的作用机理,有利于理解高参与工作系统对组织创造力及绩效的影响。本研究的结论为企业制定参与性的人力资源管理实践政策提供决策依据。一方面,企业要制定增强组织内部员工参与性的人力资源管理实践政策。例如,建立问题解决团队、建立信息共享平台、加强内部培训等措施,这些研究成果为高参与工作系统的实施提供了可靠的实证支持和可操作性的政策建议。另一方面,企业在实施参与性的人力资源管理实践政策的过程中,要综合运用多种人力资源管理实践政策,以便发挥实践政策的整体性和系统性作用。

(3) 为提升企业的人力资源柔性和知识整合能力提供新思路。本书探讨了高参与工作系统对组织人力资源柔性和知识整合能力的影响,分析了组织集体主义和互动导向的调节作用,研究结果有利于企业制定参与性的人力资源管理实践政策,更好地发挥人力资源管理的导向作用。一方面,企业要制定多种参与性的人力资源管理政策,例如,员工培训、自我管理团队、分权、薪酬激励等措施,这些措施有利于提升组织的人力资源柔性。此外,企业还要注重对组织集体主义价值观的塑造,因为高参与工作系统与组织集体主义的互动能够提升组织的人力资源柔性。另一方面,在复杂多变的外部环境中,企业需要关注顾客需求,并不断地进行创新,这对组织获得竞争优势具有重要作用。本书了探讨高参与工作系统与互动导向的交互作用,有利于理解互动导向在促进组织知识整合能力中所起到的作用。因此,企业在实践的过程中需要重视与顾客的互动,并建立长期的顾客关系,这样才能与顾客共同创造价值,从而提升组织的知识整合能力。

(4) 为企业提升组织创造力及绩效提供新的路径。本书探索了高参与工作系统对组织创造力及绩效的作用机理,揭示了高参与工作系统影响组织创造力及绩效的作用路径,这为企业提升组织创造力及绩效提供新的思路。一方面,本书通过对人力资源柔性与组织创造力及绩效的关系研究,有利于理解企业加强人力资源柔性管理在促进组织创造力方面的作用,以便应对急剧变化的内外部环境。本研究发现,在组织集体主义的影响下,高参与工作系统能通过人力资源柔性促进组织创造力及绩效的提升。另一方面,本书探讨了高参与工作系统与互动导向对组织创造力及绩效的作用机理,有利于理解互动导向在促进高参与工作系统与组织创造力及绩效关系方面所起到的作用,研究结论为企业提升组织创造力及绩效提供了一种新的思路。

1.3 关键研究问题和研究内容

1.3.1 关键研究问题

为了完成上述研究目标,本书将探索并解决以下几个关键的研究问题:

(1) 高参与工作系统的维度构成及如何测量各个维度? 在修订高参与工作系统量表的基础上,探讨高参与工作系统能否直接影响组织创造力及绩效,组织创造力在高参与工作系统与组织绩效之间扮演着何种角色。

(2) 高参与工作系统能否对人力资源柔性产生影响? 人力资源柔性能否促进组织创造力及绩效的提升? 组织集体主义是否能调节高参与工作系统与人力资源柔性的关系,以及是否存在着在组织集体主义影响下高参与工作系统通过人力资源柔性影响组织创造力及绩效的间接效应?

(3) 高参与工作系统能否对组织的知识整合能力产生影响? 组织的知识整合能力能否对组织创造力及绩效产生积极的影响? 本书探讨了互动导向能否调节高参与工作系统与知识整合能力的关系,以及在互动导向下是否存在高参与工作系统通过知识整合能力影响组织创造力及绩效的间接效应。

1.3.2 研究内容

本书的研究内容如图1-1所示,研究内容主要包括:①修订高参与工作系统量表,为后续研究奠定基础;探讨高参与工作系统对组织创造力及绩效的直接影响,以及组织创造力的中介作用。②探讨高参与工作系统对组织人力资源柔性的影响,人力资源柔性的中介作用,组织集体主义在高参与工作系统与人力资源柔性关系之间的调节效应。③探讨高参与工作系统通过知识整合能力影响组织创造力及绩效的调节效应。在研究的过程中通过逐步验证的方式进行探讨。

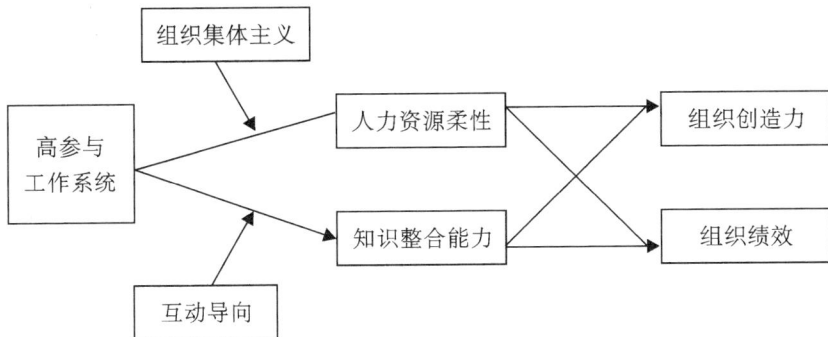

图 1 - 1 本书的研究内容

1.4 本研究的技术路线和结构

1.4.1 研究技术路线图

根据以上研究模型,本研究采用文献综述与实证研究相结合的方法展开论证。本研究的技术路线如图 1 - 2 所示。

1.4.2 研究框架

本研究主要探讨高参与工作系统对组织创造力及绩效的作用机制,具体研究内容如下。

第 1 章:绪论。首先以现实背景和理论背景为出发点,阐述本研究的理论意义和实践意义,以及关键的研究问题,其次提出本研究的研究模型和研究技术路线。

第 2 章:文献回顾与评述。先对本研究所涉及的高参与工作系统、组织创造力、组织绩效、人力资源柔性、知识整合能力、互动导向和组织集体主义等概念的内涵、测量方法进行全面的梳理和归纳,然后分析已有研究的成果与不足之处,最后提出本研究的努力方向。

第 3 章:高参与工作系统量表的修订与预测试。本章首先对高参与工作系统概念的内涵和结构维度进行界定,然后对被调研对象进行深度访谈,并修订量表条目。最后,通过探索性因子分析和验证性因子分析,验证该量表的维度构成和测量指标。

```
┌──────────────────┐          ┌──────────────────────┐
│       绪论        │ ─ ─ ─ ─ ▶│   研究背景与研究意义     │
└──────────────────┘          └──────────────────────┘
           │
           ▼
┌──────────────────────────────────────────┐
│            文献回顾与评述                    │
│   ◇ 高参与工作系统                          │
┌──────────────┐   │   ◇ 组织创造力及绩效                        │   ┌──────────────────┐
│ 文献搜索与整理 │─ ▶│   ◇ 人力资源柔性                            │ ─ ▶│   研究基础与方向    │
└──────────────┘   │   ◇ 知识整合能力                            │   └──────────────────┘
│   ◇ 互动导向、组织集体主义                    │
│   ◇ 研究述评与本研究的努力方向                 │
└──────────────────────────────────────────┘
```

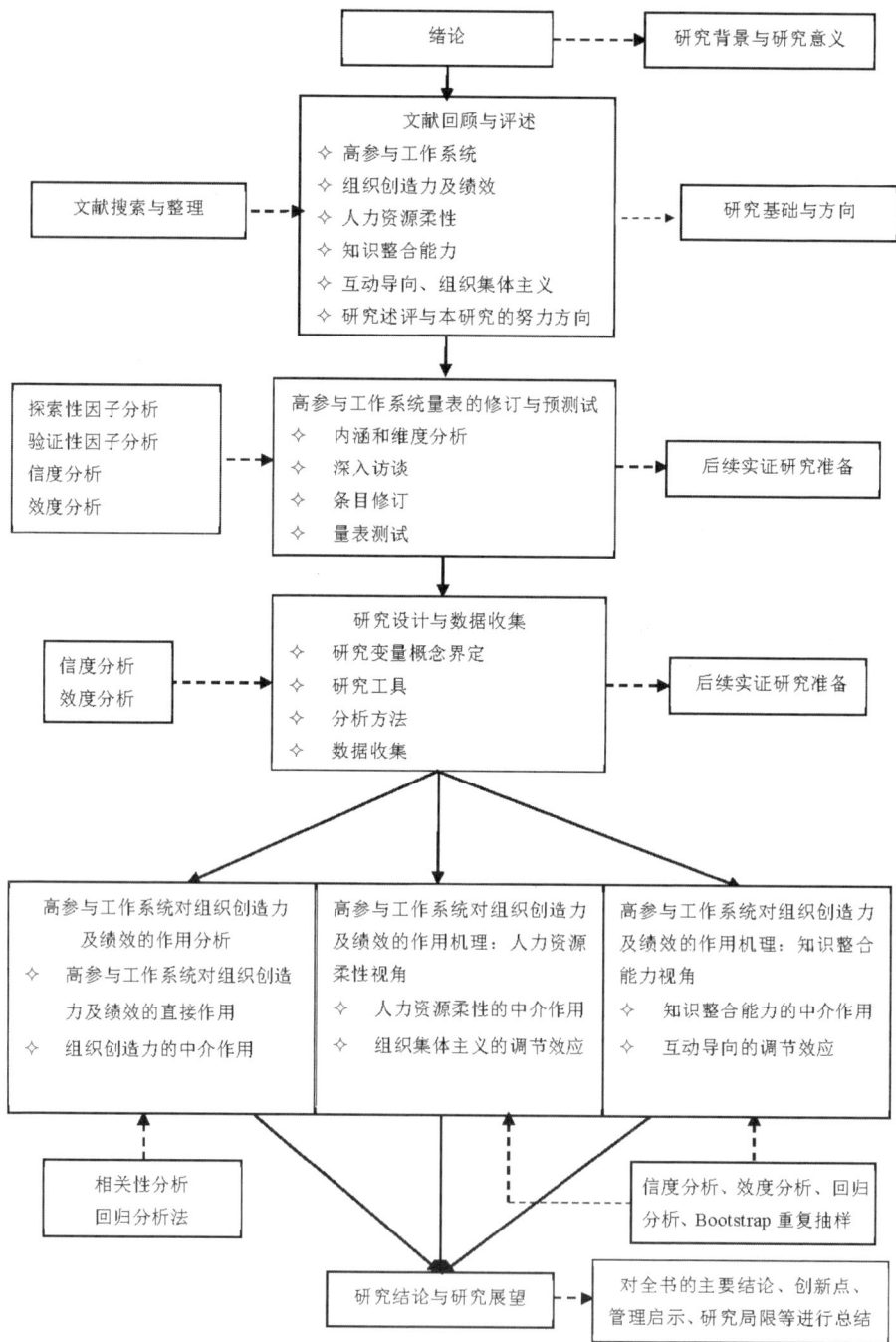

图 1-2　本研究的技术路线

　　第 4 章:研究框架与研究假设。本章主要在文献综述的基础上,提出本书的研究框架和研究假设,主要包括:①高参与工作系统对组织创造力及绩效的作用分析;②从人力资源柔性视角探讨高参与工作系统对组织创造力及绩效的作用机理;③从知识整合能力视角探讨高参与工作系统对组织创造力及绩效的作用机理。

　　第 5 章:研究设计与数据收集。为了验证本书提出的假设模型,本章主要介绍本研究的设计思路和数据收集过程。在研究设计部分主要包括相关概念的界定、测量量表设计等内容。在数据收集部分主要介绍问卷的发放、回收与样本分析,以及对量表的修订。最后,介绍大样本发放和收集过程,并对样本进行描述性统计分析。

　　第 6 章:研究结果与分析。本章主要对本研究提出的相关假设进行验证。研究一:高参与工作系统对组织创造力及绩效的作用检验。本研究验证了高参与工作系统对组织创造力及绩效的主效应,并验证了组织创造力的中介作用。研究二:从人力资源柔性视角就高参与工作系统对组织创造力及绩效的作用机理进行检验,研究揭示了高参与工作系统通过人力资源柔性对组织创造力及绩效的作用机理,并分析了组织集体主义的调节效应,以及被调节的中介效应。研究三:从知识整合能力视角就高参与工作系统对组织创造力及绩效的作用机理进行检验,研究结论检验了高参与工作系统对组织创造力及绩效的作用机理,重点探讨了互动导向的调节效应,验证了互动导向被调节的中介效应。

　　第 7 章:研究结论和研究展望。本章主要对全书的研究内容进行系统的总结,包括本研究的结论,本研究的主要创新点、理论贡献、管理启示以及本研究的不足之处,以及未来的努力方向。

第 2 章

文献回顾与评述

2.1 高参与工作系统

自 20 世纪 80 年代以来,技术的进步和竞争激烈的外部环境,促使企业人力资源成为重要的战略性资源。企业的人力资源是有价值的、不可替代的资源,是推动企业发展和提高其竞争优势的重要力量(Pil & Macduffie,1996)。在这种背景下,学者们提出了高绩效工作系统、高参与工作系统、高承诺工作系统、高投入工作系统、最佳人力资源管理实践和弹性工作系统等人力资源实践是促进组织人力资源开发的有效管理方法。有些学者认为,高绩效工作系统与高参与工作系统比较相似,有少数学者认为这些人力资源实践系统可以相互替代,并没有进行严格的区分。而张正堂和李瑞(2015)认为高参与工作系统、高绩效工作系统和高承诺工作系统概念既有共性,又有区别。从本质上讲,它们都是指一组人力资源实践,目的在于对组织的人力资源进行投资并带来相应的产出,只是强调的路径不同(张正堂、李瑞,2015)。由于高参与工作系统作为一种重要的战略人力资源管理实践类型,它主要侧重工作组织层面,即对基于知识、观念和抽象劳动的组织活动进行管理,它强调通过员工参与机会、利用隐性知识来提升组织绩效(张正堂、李瑞,2015)。企业采用参与性的人力资源管理实践能够有效提高员工的积极性和参与性,进而会对组织创造力及绩效产生重要影响。因此,本书选取高参与工作系统作为影响组织创造力及绩效的一个重要因素进行研究。

2.1.1 高参与工作系统的概念

高参与工作系统是基于战略人力资源管理理论发展起来的概念,由于它所涉及的内容比较广泛,学者对于高参与工作系统的概念有多种论述。例如,高参与实践(high involvement practices)(Lawler,1986;Leana & Florkowski,1992)、高参与工作实践(high involvement work practices)(Camps & Luna-Arocas,2009;Guthrie et al.,2002;Benson et al.,2006)、商业实践(business practices)(Vandenberg et al.,1999)、高参与人力资源实践(high-involvement human resources Practices)(Paré & Tremblay,2007)等,这些概念都是对高参与工作系统的表述。学者们根据已有研究,将高参与工作系统界定为一系列有效的人力资源管理实践的系统组合(Lawler,1992;Edwards & Wright,2001;Vandenberg et al.,1999;Guthrie,2001)。

　　由于研究视角的不同,不同的学者对高参与工作系统的概念和内涵的界定具有差异性。例如,Lawler(1992)指出高参与工作系统是调动员工的积极性和参与性,通过广泛授权以给予员工更多的自主性,从而促进组织产生积极结果的有效方式。Guthrie 等(2002)提出高参与工作系统是一系列的人力资源管理实践,这些管理实践包括分权决策、信息共享、高水平的培训和运用跨部门团队等,综合应用这些措施能够为员工提供机会、技能和动机,使员工积极、主动地参与到管理实践当中,进而提高组织绩效,获得持续竞争优势。Batt(2002)同样也认为高参与工作系统主要包括了一系列相关的人力资源管理实践,它能增加员工技能和内在动机,促进员工参与决策。同时,他还指出高参与工作系统的内涵主要包括三个方面:①员工具有相关的知识和技能;②工作设计,员工在工作与合作过程中有权利或机会应用这些知识和技能;③激励机制,通过多种激励方式提升员工的内在动机和组织认同。

　　随着研究的不断深入,Benson 等人(2006)也认为高参与工作系统是一系列特定的人力资源管理实践的组合,这些实践组合主要聚焦在员工决策权、信息获取、培训和激励方面,这些措施通过影响员工工作的积极性和参与性,进而影响组织绩效的提升。Zatzick & Iverson(2006)在以上研究的基础上指出高参与工作系统是一系列人力资源管理实践的系统组合,它能对员工技能、内在动机产生影响。同时,他们提出高参与工作系统主要包括了培训、团队工作、员工参与、激励性补偿和沟通等实践活动。此后,Zatzick & Iverson(2011)重新对高参与工作系统的概念进行界定,他们认为高参与工作系统是由具有协调性和互补性的人力资源管理实践组成,这些实践政策通过提高员工的能力,增强员工的动机,进而增加员工对组织的贡献,最终会提升组织绩效。

　　Paré & Tremblay(2007)在 Lawler(1986)研究的基础上,进一步探讨高参

与工作系统的概念和内涵。他们认为高参与工作系统是指一系列人力资源管理实践的组合，这些实践组合会影响员工的态度和行为。同时，他们指出高参与工作系统包括认可实践、授权实践、能力发展实践、信息共享实践和公平薪酬实践五项内容。这些实践活动对员工组织认同态度将产生积极的影响。Yang（2012）也认为高参与工作系统是一系列人力资源管理实践的组合，这些组合主要关注员工的参与，这些实践活动能为员工在工作过程中自主决策和参与组织的活动提供机会。通过积极参与以上活动，员工可以获得各种技能，这样提升了组织的人力资本，最终影响组织绩效。同时，他还指出高参与工作系统包括认可、授权、能力发展、公平薪酬和信息共享五个方面的内容（Yang，2012）。

Mendelson，Turner，& Barling（2011）提出高参与工作系统主要反映相互关联的工作实践模式，这种模式能够提升组织绩效。同时，他们还指出要对员工进行投资，这样能促进组织产生积极的结果，如生产率、利润率的提升等。Böckerman 等（2012）指出高参与工作系统是指一系列人力资源管理实践，这些实践活动主要包括问题解决团队、信息共享、激励性薪酬以及支持性的实践活动等内容。

国内学者程德俊和赵曙明（2006）指出高参与工作系统是在对传统高控制型工作系统反思的基础上提出的概念，高参与工作系统可以通过灵活性的工作设计、自我管理团队、广泛培训和信息分享等人力资源政策，给予员工相应的信息、知识、权力和报酬，这样能激励员工为组织做出更多的贡献，从而使员工与组织之间形成长期稳定的雇佣关系和相互承诺。

根据以上对高参与工作系统概念的界定可以看出，学者们一致认可高参与工作系统是一系列人力资源管理实践的组合，这些实践政策的组合能够提升员工的能力、机会和内在动机，从而提升组织绩效和竞争优势。因此，通过归纳和总结，本书界定高参与工作系统是指一系列人力资源管理实践的组合，并通过认可、授权、能力发展、薪酬激励、信息共享等实践政策来提升员工的积极性和参与性，进而促进组织产生积极结果的一种有效方式。

2.1.2　高参与工作系统的维度和测量方式

关于高参与工作系统结构维度和测量方式，由于研究视角的不同，其测量的内容有所差异。通过梳理和归纳国内外高参与工作系统相关的文献，发现学者们一致认可高参与工作系统是一个多维的概念，其概念的测量主要包括两维度、三维度、四维度和五维度的量表。

（1）两维度。Boxall & Macky（2009）研究指出，高参与工作系统包括工作实践和雇佣实践。其中，工作实践主要包含员工投入水平，雇佣实践包括发展实践、参与实践以及绩效激励。

（2）三维度。一些学者研究认为高参与工作系统是由员工技能、工作设计和激励构成。例如，Bailey & Merritt 认为高参与工作系统是由员工能力、员工激励和员工参与决策三部分构成。Batt（2002）提出高参与工作系统是由员工技能水平、工作设计和提高员工参与性的激励三个方面构成。其中，技能水平主要是指选择拥有多样技能的员工和加强对员工的培训；工作设计主要是指企业给员工提供参与和合作的机会，例如，通过团队自我管理等方式；提高员工参与性的激励主要是指通过对员工培训的投入、较高的薪水和合理的绩效评估系统等方式建立信任关系（Batt，2002）。

（3）四维度。随着研究的不断深入，学者们提出高参与工作系统是由四个维度构成。例如，Benson 等（2006）指出高参与工作系统主要包括决策权、信息获取、培训和激励四部分。Guerrem & Barraud-Didier（2004）提出高参与工作系统包括授权实践、补偿实践、沟通实践、技能和培训实践。其中，授权实践包括工作内容、工作时间和团队工作；补偿实践主要包括以集体绩效为基础的补偿、股权、附带福利；沟通实践主要包括组织的一般信息、信息相关的补偿、员工表达的方式和员工对组织的认知；技能和培训实践主要包括员工相关技能和知识的培训活动（Guerrem & Barraud-Didier，2004）。Chen，Lawler，& Bae（2005）认为高参与工作系统主要包括四部分：①人力资源流，包括员工招聘、甄选、培训；②工作设计，包括控制、团队工作、广泛定义工作；③奖励系统，包括薪酬和绩效评价；④员工影响力，主要是指员工参与和员工所有权。Camps & Luna-Arocas（2009）提出高参与工作系统由招聘、补偿、弹性的工作安排和培训四个方面构成。O'Neill 等（2011）指出高参与工作系统是由参与决策、广泛的信息共享、获得培训和运用组织的资源进行激励四个方面构成。Zatzick & Iverson（2011）在Lawler（1992）研究的基础上，阐述了高参与工作系统是由权利、信息、薪酬和知识构成。在权利方面，组织给予员工工作的自主权，如自我管理团队增加员工决策权；在信息方面，组织充分告知员工公司各方面的信息以便员工进行决策；在薪酬方面，主要是通过激励使个体的目标与组织目标达成一致，这些激励包括利润分享、股票期权等内容；在知识方面，组织给予员工培训和能力发展的机会，这样增加了员工的知识和技能。

（4）五维度。有学者认为高参与工作系统是由五维度构成。例如，

Vandenberg 等（1999）提出高参与工作系统主要包括：工作设计、激励实践、柔性、培训机会、方向制定。研究发现这些实践活动显著地正向影响高参与工作过程。其中，高参与工作过程包括授权、信息共享、奖励和知识，并对组织认同、工作满意以及离职倾向产生重要影响。Wood & Menezes（2008）认为高参与工作系统主要包括：①工作丰富性，任务的多样性、方法控制和时间控制；②柔性的工作实践，团队工作、功能灵活性、质量圈和建议方案；③技能获得支持，团队介绍、就职仪式、人际关系的培训、信息披露和评价；④动机支持，调查反馈方式、工作安全规范和浮动薪水；⑤全面质量管理，自检质量、记录关于产品的缺点和抱怨，客户调研，记录产品的质量和服务，质量控制的培训。Paré & Tremblay（2007）提出高参与工作系统是由认可实践、授权实践、能力发展实践、公平薪酬实践、信息共享实践这五维度构成。该量表的提出得到众多学者的认可（Yang，2012）。

　　除了前面提到的两维度、三维度、四维度和五维度的量表外，高参与工作系统的研究还涉及更多维度。例如，Guthrie（2001）在以往研究的基础上，并借鉴 Lawler（1992）和 Levine（1995）的量表，提出以内部晋升、绩效为基础的晋升，以技能薪酬、团队为基础的薪酬，员工股票期权，员工参与项目、信息共享、态度调研、团队和培训是构成高参与工作系统的重要维度。Ordiz-Fuertes & Fernández-Sánchez（2003）指出高参与工作系统包括拓展性培训、内部晋升、全面质量管理团队、新产品开发团队、解决问题团队、自我管理团队、员工期权、分权化、信息共享、跨部门之间的协调、增强员工的责任感和减少地位的差异性。Wickramasinghe & Gamage（2011）认为高参与工作系统是由团队工作、技能发展、授权、奖励和认可、绩效评估和沟通构成。国内学者程德俊和赵曙明（2006）指出高参与工作系统是由问题解决团队、灵活的工作设置、信息共享、广泛培训、审慎招聘与挑选、激励性薪酬构成。

　　通过对高参与工作系统结构维度的梳理，可以看出学者一致认可高参与工作系统是一个多维度的概念，其维度构成具有一定的差异性。但高参与工作系统主要包括能力发展实践（拓展性培训、人际关系的培训等）、薪酬实践（技能薪酬、利润分享等）、信息共享实践（组织的一般信息、信息相关的补偿实践等）、授权实践（自主决策权、自我管理团队、问题解决团队等）、认可实践（员工努力、工作质量等）这五个方面的内容。因此，本研究采用 Paré & Tremblay（2007）开发的量表，在访谈的基础上进行改编。此量表包括认可实践、授权实践、能力发展实践、公平薪酬实践和信息共享实践，该量表全面地反映了高参与工作系统的内涵。

2.1.3　高参与工作系统的作用结果

通过文献整理研究发现,现有的研究重点探讨了高参与工作系统对员工态度及行为的影响,并深入探索了高参与工作系统对组织绩效的作用机理,较少有研究探讨高参与工作系统对组织创新及绩效的作用,也少有研究探讨高参与工作系统对于组织创造力的影响。

1. 高参与工作系统对员工态度和行为的影响

现有的相关研究重点关注高参与工作系统对员工离职率和组织公民行为的影响。例如,Vandenberg,Richarson & Eastman(1999)以保险公司的员工为样本,研究发现高参与工作系统对员工满意度、顾客满意度、组织生产率、员工离职率等绩效指标产生影响(Vandenberg et al.,1999;施杨、李南,2009)。Yang(2012)以服务行业的员工为调研对象,结果发现高参与工作系统能够影响员工的情感认同,最终影响员工的组织公民行为。Guthrie(2001)以制造业、金融服务业、零售等行业的企业员工为样本,实证检验了高参与工作系统与员工离职率之间具有一定的相关性。这是因为高参与工作系统实际上是一种典型的人力资本投资,通过内部晋升、技术工资的使用状况、股票所有权、信息共享等实践活动影响员工离职率和组织生产率(Guthrie,2001;施杨、李南,2009)。此外,还有研究指出高参与工作系统能够缓解员工的工作与家庭生活冲突。例如,Shih 等(2010)研究认为高参与工作系统显著正向影响员工的工作与家庭生活冲突。

高参与工作系统对员工工作满意度和组织承诺产生积极的影响。例如,Mendelson 等(2011)通过对 5 家企业的 317 位员工进行调研,揭示了高参与工作系统能够积极地影响员工工作满意度。Mohr & Zoghi(2008)也发现高参与工作系统对员工工作满意度产生一定的影响。这是因为质量圈、反馈、建议等实践活动能使员工感知到被组织重视,这种广泛的参与机会给员工带来了较高的薪酬和福利,同时组织给予员工更广泛的参与机会,从而使员工的目标与组织的目标趋于一致,最终会对组织绩效产生重要的影响(Mohr & Zoghi,2008)。Shih 等(2010)同样指出高参与工作系统显著地正向影响员工的工作满意度。还有学者研究了高参与工作系统对组织承诺的影响,并重点探讨高参与工作系统对员工情感承诺和持续承诺的影响。如 Mendelson 等(2011)研究指出高参与工作系统显著地正向影响员工情感承诺和持续承诺。Paré & Tremblay(2007)以 394 位员工为样本,研究揭示了高参与工作系统对员工情感承诺和持续承诺产生积极的影响。

2. 高参与工作系统对组织绩效的影响

学者重点关注了高参与工作系统对组织绩效的影响，其中包括：① 高参与工作系统能够提升组织绩效，并探讨了两者关系的直接影响和间接影响，以及两者之间的调节效应；② 高参与工作系统对组织绩效不存在显著的影响关系。

（1）高参与工作系统对组织绩效的积极作用。其中包括高参与工作系统对组织绩效的直接影响和间接影响，以及两者之间的调节效应。

① 直接影响。通过已有文献研究发现，高参与工作系统显著地正向影响组织绩效。目前大量研究集中在半导体、汽车、钢铁等技术密集型行业的高参与工作系统对组织绩效的影响上，研究表明这些行业的高参与工作系统显著地正向影响组织绩效（Pil & Macduffie，1996；Harmon，Scotti，& Behson，2003；施杨、李南，2009）。还有研究以服务行业为样本探讨高参与工系统对组织绩效的影响。例如，Harmon 等（2003）以医疗行业的员工为样本，研究发现广泛的参与、授权、培训、绩效激励等实践活动显著地正向影响企业信息沟通渠道，并在此过程中可以提高员工的满意度和顾客的满意度。同时，他们还认为高参与工作系统能够显著地降低医疗服务成本，提高医疗服务质量，进而提高经济效益和社会效益（Harmon et al.，2003）。Benson 等（2006）指出高参与工作系统是一系列有效的人力资源管理政策的组合，其中包括权力决策、信息获取、训练和激励等，研究证实了高参与工作系统与公司绩效具有显著的相关性。由于企业采用自我管理团队或者问题小组的形式来管理，从某种意义上讲，员工参与度的提高能改善员工的工作满意度和企业的效率以及整体产品质量，最终会影响公司的整体绩效。

② 间接影响。对于高参与工作系统通过何种中介变量影响组织绩效这一问题，大量研究探讨智力资本、社会资本和吸收能力等变量在两者之间所起到的作用（Youndt & Snell，1998；程德俊、赵曙明，2006；施杨、李南，2009）。高参与工作系统能够改善组织的"结构"，改善员工与组织之间的关系，增加了组织的社会资本，进而会提升组织绩效（施杨、李南，2009）。还有部分研究探索社会资本在高参与工作系统与组织绩效之间的作用。例如，Youndt & Snell（1998）提出智力资本是企业的无形资产，包括人力资本、社会资本和组织资本，这些智力资本能促使企业获得竞争优势。他们还研究发现特定的人力资源管理实践、智力资本和组织绩效存在着较强的直接关系，他们同时指出不同的人力资源管理实践对企业人力资本、社会资本和组织资本的影响具有显著的差异性（Youndt & Snell，1998）。程德俊和赵曙明（2006）探索了高参与工作系统与企业绩效的关

系,研究表明高参与工作系统对企业绩效产生积极的影响,人力资本在两者之间具有中介作用,这是由于高参与工作系统能够形成专用性人力资本,从而提高了组织绩效。

　　还有研究以"能力"为中介变量探讨高参与工作系统与组织绩效的关系。高参与工作系统能增加员工未来发展所需要的技能,最终会提高组织绩效(施杨、李南,2009)。例如,Wright,Dunford,& Snell(2001)从知识存量和流量视角构建人力资源管理实践与组织绩效关系的理论模型。他们认为组织的知识存量和流量能使企业获得竞争优势。高参与工作系统能促进信息和决策权向一线员工转移,这样员工具有更多的自主决策权,有利于组织成员之间的信息沟通,以便促进企业知识的创造、转移和集成,提高组织学习能力和创新能力(施杨、李南,2009)。Minbaeva 等(2003)研究有效的人力资源管理对组织吸收能力的影响,他们指出企业获得竞争优势的关键在于组织吸收能力的提高。组织吸收能力的关键在于组织员工的知识和技能的不断更新,从而使组织不断地适应外部环境的变化。

　　③ 调节效应。目前对于高参与工作系统与组织绩效之间的调节关系研究,学者们重点关注了竞争战略、环境动态性、组织文化、领导方式、信息系统、分配公平等因素在两者之间具有的调节作用。例如,Guthrie,Spell,& Nyamori(2002)指出组织采用差异化战略能够提升自身市场竞争力和人力资源管理效率,研究发现高参与工作系统能够促进组织效率的提升,这主要依靠组织竞争战略的实施,差异化竞争战略显著地正向调节高参与工作系统与组织绩效的关系,而成本领先战略则不能调节高参与工作系统与组织绩效的关系。程德俊和赵曙明(2006)以 128 家企业为样本,研究结果发现高参与工作系统显著地正向影响组织绩效,环境动态性能够调节两者之间的关系。研究结果表明环境越复杂,高参与工作系统对组织绩效的作用越小,这证明了高参与工作系统更适用于变化相对缓慢的环境假设。程德俊和赵曙明(2006)从社会资本的视角构建高参与工作系统对组织绩效的作用模型,他们认为企业文化、领导方式和信息系统能够调节高参与工作系统与组织绩效产生的关系,但是并没有进行实证研究。

　　(2)高参与工作系统对组织绩效不存在显著的影响关系。还有研究发现高参与工作系统对组织绩效不存在显著的影响。如 Camps & Luna-Arocas(2009)研究战略导向通过高参与工作系统对组织绩效产生的影响,并探讨其内在的作用机理,结果发现差异化战略能够显著地影响组织结构,组织结构的社会化能够显著地影响高参与工作系统,集权化显著地负向影响高参与工作系统,高参与工作系统并不能显著地正向影响组织绩效。

3. 高参与工作系统与组织创造力/创新

关于高参与工作系统对组织创造力/创新的影响研究，目前还处于探索阶段。仅有较少研究从社会资本、吸收能力视角探讨高参与工作系统对组织创新或创新绩效的影响。例如，程德俊、龙静、赵曙明（2011）研究高参与工作系统与组织创新绩效的关系，他们指出社会资本包括结构、认知和情感三个维度，并在此基础上构建了高参与工作系统与组织创新绩效的作用机制模型。他们通过实证研究发现，高参与工作系统可以通过员工与组织的信任关系显著地影响组织的创新绩效，但是当认知信任较高时，由于出现搭便车等现象，认知信任的提高反而会降低创新绩效。另有研究还发现情感信任对组织创新绩效具有积极的影响，没有发现高参与工作系统对人际网络的影响，但是发现了人际网络的紧密程度对创新绩效具有负向影响。目前还有研究重点关注人力资源观管理系统对组织创新的影响。例如，Chang，Gong，& Way（2013）根据人力资源管理系统理论，把柔性导向的人力资源管理系统划分为资源导向的人力资源管理系统与协作导向的人力资源管理系统，从吸收能力视角探讨人力资源管理系统对市场反应和组织创新的影响。他们的研究证实了协作柔性导向的人力资源管理实践显著地正向影响企业潜在的和现实的吸收能力，资源柔性导向的人力资源管理显著地正向影响企业潜在的吸收能力，但并不能影响企业现实的吸收能力，现实的吸收能力显著地正向影响组织创新和市场反应。由此可见，目前学者关注高参与工作系统对组织绩效和创新绩效的影响，少有学者探讨高参与工作系统对于组织创造力的影响。

本研究认为高参与工作系统更有可能对组织创造力产生影响。由于高参与工作系统侧重于工作组织层面，即对基于知识、观念和抽象劳动的组织活动进行管理，它强调通过员工参与机会、利用隐性知识来提升组织绩效（张正堂、李瑞，2015）。组织创造力是一系列个体、团队和组织特征的函数，员工创造力是组织创造力的基础和源泉（Woodman et al.，1993）。由此可见，充分发挥员工的积极性和参与性对于提升组织创造力具有重要的作用。而高参与工作系统强调通过员工的参与实现组织目标（张正堂、李瑞，2015）。企业采用参与性的人力资源管理实践能够提高创造性员工的积极性和参与性，进而可能会对组织创造力产生积极的影响。另外，目前的战略人力资源管理实践对组织创造力的影响还处于探索阶段，仅有少数学者探讨承诺型人力资源管理实践和控制型人力资源管理实践对组织创造力的影响，结果发现承诺型人力资源管理实践能够显著正向影响组织创造力,而控制型人力资源管理实践则显著负向影响组织创造力(刘新梅、王文隆,2013)。由此可见,不同类型的人力资源管理实践对组织创造力的影响具有显著的差异性。而高参与工作系统作为一种重要的战略人力资源管理实践类型,能够影响员工的技能和内在动机,这样会对创造性员工的积极性和参与性产生影响(Zatzick & Iverson,2006;Paré & Tremblay,2007)。那么高参与工作系统能否通过发挥创造性员工的积极性和参与性提高组织创造力,以及通过什么路径影响组织创造力,目前少有学者进行深入的探讨。因此,基于以上原因,本书将高参与工作系统作为组织创造力的影响因素进行研究,并深入探讨了高参与工作系统对组织创造力的作用机理。

2.2　组织创造力

2.2.1　组织创造力的概念

组织创造力的研究最早源于 1950 年美国的心理学家 Guilford 发表著名的"论创造力"的演说。从此以后,学术界开始对组织创造力进行探索性研究。自 20 世纪 80 年代以来,组织创造力受到学者们的重点关注,组织创造力是组织行为学领域的一个重要方向。由于研究视角的差异性,学者从不同的视角对组织创造力进行界定,但对组织创造力概念的内涵还没有达成一致意见。

组织创造力作为一个新的研究领域,源于创造力的研究。研究者们聚焦在组织情景因素对于组织创造力的影响,并从过程导向和结果导向界定组织创造力。例如,Koontz 等人指出组织创造力是一种产生新颖观点的内在智力过程。Amabile(1983)从结果导向的视角,将组织创造力界定为产生关于产品、过程、流程等新颖的和有用的想法,其概念主要关注结果的创造性过程,而不是创造性的心理过程。

随着研究的不断深入,学者们开始从组织情景中定义组织创造力的概念,通过总结现有文献发现,组织创造力的界定主要有三种观点:结果观、过程观和能力观。其中,结果观最具有代表性的是 Harrington(1990)从个体与组织情景的互动视角进行界定,组织创造力是指创造性过程、创造性的产品、富有创造性的人和创造性的环境四个方面的综合,以及它们之间互动的结果。而 Woodman 等(1993)在 Amabile 定义的创造力的基础上扩展到复杂的社会系统,他们指出组织创造力是有价值的、有用的新产品、服务、想法、步骤或过程的创造,这种创造是由个体在复杂的社会系统中协作完成的。该定义从过程的视角重点强调了创造性产品、创造力过程、创造性个体和创造性环境四个基本的要素。还有研究认为组织创造力是一种能力。例如，Bharadwa & Menon（2000）指出组织创造力是组织所制定的正式的方法、工具和具备的资源，以鼓励组织中有意义、富有创造性的行为。Lee & Choi（2003）提出组织创造力是指一种能力，是组织生产新的产品、更新生产流程的能力。刘新梅等（2010）将组织创造力界定为在复杂的社会系统下，组织成员产生一系列新的、有用的想法，形成与新产品、新服务、新工艺等有关的解决方案的能力。

通过对现有组织创造力概念的梳理，学者们认可组织创造力是一种能力，本研究在以上研究成果的基础上，基于 Amabile（1997）创造力成分理论，将组织创造力作为一个整体现象进行研究，并将组织创造力定义为致力于生产有关产品、服务、程序或工艺的有用的新想法的能力。

2.2.2　组织创造力的影响因素

组织创造力是组织创造有价值的新产品、新服务、新想法、新程序或新工艺的过程。这是由个体共同工作在一个复杂的社会系统中所创造的（Woodman et al.，1993）。尽管本研究是探讨组织层面的创造力，但是组织内部个体的创造力是组织内新想法产生的核心（Woodman et al. 1993），因此，梳理个体创造力的影响因素对于理解组织创造力具有重要作用。另外，组织创造力是个体创造力、团队创造力与社会情景交互作用的结果。由于组织创造力是由下而上地"涌现"，团队创造力处于由下而上的关键环节，因此，梳理团队创造力的影响因素对于理解组织创造力具有重要作用。

1. 个体层次的影响因素

以往的大量研究表明，个体创造力的影响因素主要包括个体因素（个体特征、认知因素、内在动机和知识、个体差异性）和情景因素（对创造力的期望、对创造力反馈和评估等）（Woodman et al.，1993；Zhou & Shalley，2003）。

（1）个体特征。个体特征与个体创造力有显著的相关关系（Woodman et al.，1993）。例如，Barron & Harrington（1981）指出一系列交叉稳定的人格特征对员工创造力产生积极的影响。这些个性特征主要包括了广泛的兴趣、独立的判断能力和坚定的使命感等。Amabile（1988）认为个体的好奇心、活力、智力是影响个体创造力的重要因素。另外，还有研究发现，具有较高创造力的个体具有较强的自我内在控制力（Woodman et al.，1993）。

（2）认知因素。以往大量的研究证实了认知因素显著地正向影响个体创造力（Woodman et al.，1993；George & Zhou，2002；Shalley & Gilson，2004）。例如，Carrol（1985）揭示了联想的流畅性、表达的流畅性、计算的流畅性、思想的流畅性、说话的流畅性、语言的流畅性、实践观念的流畅性和创新性是个体创造力的重要表现。Shalley & Gilson（2004）研究发现具有创造力的个体，会具有较高的风险意识，创造力是在承担风险和不断试错的过程中产生的。

（3）内在动机。大量的研究聚焦在内在动机对个体创造力的影响上（Amabile，1988；Shalley，1991；Woodman et al.，1993）。这些研究结论主要是通过某种情景因素来影响个体的内在动机，进而影响个体创造力（王莉红，2012）。例如，Amabile（1983）指出积极评估显著地正向影响员工的创造性、自我效能感，进而影响个体绩效。Dewett（2007）以 165 名员工和其直接上司为研究对象，证实内在动机能够中介作用于情景因素、个体差异和个体甘愿冒风险的关系，最终会影响到员工的创造力。还有的研究指出，外在动机积极地影响员工的创造力。例如，Amabile 等（1996）指出外在的奖励等因素显著地正向影响员工的创造力水平。

（4）知识。对于知识与创造力关系的研究，学者们重点探讨与创造力相关的技能和知识背景对个体创造力的影响（Amabile，1988；Amabile et al.，1996；Mumford et al.，1997；Vincent et al.，2002）。例如，Amabile 等（1996）发现三种要素对个体创造力产生重要的影响，其中包括与创造力相关的技能、专业相关的技能和内在动机。对于创造力相关的技能，Amabile 等（1996）提出创造力相关的技能主要是指创造性思考，可以生成多种选择和具有发散性思维，还有一些研究指出发现问题、分析问题以及联系和评估方法的能力对于个体创造力的提升具有重要影响（Mumford et al.，1997）。与专业相关的技能反映了个体的知识背景对个体创造力产生重要的影响，因为专业领域的知识主要反映个体的教育水平、培训经历、从业经验等，这些都是员工发挥创造力的重要来源（Amabile et al.，1996）。

此外，还有部分研究证实了情景因素对个体创造力产生重要的影响（Woodman et al.，1993；Amabile et al.，1996；Zhou & Shalley，2003）。情景因素主要包括创造力的目标和期望、期望评估、反馈价值和风格、发展性反馈和预期发展的评估策略等（Zhou & Shalley，2003）。

（1）目标和期望。学者们指出目标的设定会影响个体创造力，这是由于目标能增强个体的动机，进而影响个体自我监管的内在机理（Kanfer et al.，

1989)。当个体设定清晰的目标,这样能够促进个体不断努力并发挥其潜在的能力,最终会影响个体创造力(Zhou & Shalley,2003)。Shalley(1991)研究发现当创造性目标设定以后,个体会集中精力完成这个目标,并表现出较高的创造力水平,而没有创造性目标的个体则表现出较低的创造力水平。Shalley(1995)进一步研究发现创造性目标的设定显著地正向影响个体创造力。

(2) 反馈价值和反馈风格。大量研究表明,反馈价值和反馈风格对个体创造力产生重要影响(Zhou,1998)。而反馈价值的积极作用和消极作用取决于个体对创造性标准的比较分析,对比发现,当个体创造性思维水平比标准高时,这种反馈价值就具有积极作用;当个体创造性思维水平低于标准时,这种反馈价值就具有消极作用(Zhou,1998)。Zhou(1998)指出反馈风格能够显著地影响个体创造力,反馈风格分为信息型反馈和控制型反馈。当反馈风格以信息反馈形式进行传播时,信息反馈表明了反馈的接受者能控制自身的行为,而外部的信息反馈目标只是简单帮助反馈接受者学习和开发他们的创造性能力和创造性绩效(Zhou & Shalley,2003)。对于控制型反馈,Zhou(1998)认为领导会有意识或者无意地控制信息的反馈,控制型反馈能使信息的接受者重点关注创造力方面的信息,从而促进个体创造力的提高。

(3) 发展性反馈。还有研究关注发展性反馈对于个体创造力的影响。Zhou(2003)认为反馈信息以发展导向为目的,能为员工提供有用的和有价值的信息,从而提高员工学习和发展方面的能力,以及工作绩效。这种反馈使个体变得更加优秀(例如,获得更多关于工作的技能、创造力等),并提高其工作绩效(Zhou & Shalley,2003)。以往研究发现,发展性反馈、与个体特征相结合的情景变量是提高员工创造性绩效的重要因素(Zhou & George,2001;Zhou & Shalley,2003;Allen & Meyer,1996)。Allen & Meyer(1996)研究表明,从同事那里接收到较高的发展性反馈时,员工会具有更高的创造性绩效。有研究指出,这可能是因为当员工不愿意为目前的工作花费太高的成本时,他们就会消极工作,不会满足最低的标准,也不会积极地改变这种状态。当员工获得工作绩效提升的反馈时,员工会通过不断地学习来完成工作,在这个过程中,可能会激励员工提出新的、有用的思想,积极努力地完成工作任务(Zhou & Shalley,2003)。

(4) 预期发展的评估策略。Zhou & George(2001)指出,以往很多研究运用认知评估理论探讨情景因素或者实践对于创造力的影响。他们通过实验研究方式检验发现,发展性评估包含:①评估个体对任务的反应;②为他们提供非关键的自我评估,并有意识地帮助他们提高相关的技能。因此,这些评估的方式不同于传统的方式,评价个体创造力需要参照一些标准,而发展性评估方式重点关注了个体学习和经验的掌握能力,这样帮助个体提高创造力相关的技能。

2. 团队层次的影响因素

团队创造力的影响因素主要包括团队特征、团队过程、团队情景/氛围和团队构成等(Choi & Thompson,2005;Chen,2006;王莉红,2012)。

(1) 团队特征。大量研究表明,团队特征是影响团队创造力的重要因素。学者们从不同的角度研究团队特征对团队创造力的影响,过去的研究主要探讨团队稳定性(Choi & Thompson,2005)、团队规模(Leenders et al.,2003)、团队类型(Isaksen & Lauer,2002)等因素,这些团队特征要素在某种程度上影响团队创造力。例如,Choi & Thompson (2005)通过实证研究证明,在开放型的团队中,团队创造过程的流畅性和灵活性要普遍好于封闭型的团队。还有研究发现团队成员的认知能力和专业背景的差异性可以提升团队创造力,但是团队的规模并不是越大越好,只有团队成员需要彼此的合作时,才能促进团队创造力的提升(Leenders et al.,2003)。

(2) 团队过程。团队创造力并不是由个体独立产生的,而是个体在与团队成员的互动过程中产生的(王莉红,2012)。例如,Scott & Bruce (1994)研究指出,上级与下级的交换关系影响员工的创新行为。还有研究发现团队有效沟通、协作以及团队凝聚力显著地正向影响团队创造力(Woodman et al.,1993)。还有研究表明团队具有清晰的目标,并且在相互信任的基础上能促进团队成员自由地表达创造性的观点,进而促进团队创造力的提高(Shalley,Zhou,& Oldham,2004;赵卓嘉,2009)。近期有研究发现团队学习是影响团队创造力的重要因素(Hirst et al.,2009;王莉红,2012)。

(3) 团队情景/氛围。已有研究表明,团队情景/氛围对团队创造力产生重要影响(Woodman et al.,1993;Shalley,Zhou,& Oldham,2004)。对于团队情景/氛围的研究主要聚焦在组织或者团队的支持、组织或者团队的资源、领导者的风格和类型、角色榜样、上级评估和反馈(Fagan,2004;Shalley et al.,2004;Woodman et al.,1993;王莉红,2012)。例如,Redmond,Mumford,& Teach(1993)研究发现当下属具有较高的自我效能感并感知到领导的行为时,这种领导行为能够提高下属的创造力。有些研究发现支持型领导可以创造出一种宽松的组织环境,进而促进员工创造力的提升(Oldham & Cummings,1996)。任务特征是影响团队创造力的重要情景因素。已有研究重点探讨任务类型、任务的复杂性、任务目标、时间限制等因素对团队创造力的影响(Chen & Chang,

2005;Chen,2006;Shalley et al.,2004)。

（4）团队构成。还有研究表明团队多样性是促进团队创造力的重要因素（McLeod & Lobel,1992;Pelled et al.,1999;王莉红,2012）。团队多样性可以促进团队成员产生不同的想法,集思广益能够创造性地解决问题（McLeod & Lobel,1992;Pelled et al.,1999;王莉红,2012）。例如,Gilson（2001）研究发现多样性的团队要比同质性的团队更具有创造力。但还有部分研究验证了团队认知多样性显著地负向影响团队创造力。

3. 组织层次的影响因素

组织创造力的影响因素研究主要集中在组织文化与组织制度两个方面。组织文化作为"软实力"是影响组织创造力的重要因素之一（Amabile et al.,1996）,而组织制度是作为"硬实力"是一种理性的管理工具,对于组织创造力产生重要影响（Elenkov et al.,2005;Gupta et al.,2007）。实际上,组织文化和组织制度对组织创造力产生互补性的作用,在影响组织创造力方面具有重要的作用（Martins & Terblanche,2003）。

（1）组织文化与组织创造力/创新。组织文化对组织创造力和创新具有重要影响。例如,Furnham & Gunter（1993）将组织文化的功能归纳为内部的整合和协调。内部整合被描述为组织内新成员的社会化、设立组织边界、对员工身份的感知及对组织的承诺;协调功能指的是建立竞争优势、理解环境中可接受的行为和社会系统的稳定性。现有研究表明,组织支持、组织氛围、组织领导力是影响组织创造力提升的重要文化因素。①组织支持:主要包括工作群体支持和管理者支持两个方面。工作群体支持主要通过沟通、新模范的作用和群体的异质性提升个体和群体的创造力。例如,Amabile 等（1996）发现,工作群体支持会提升个体和群体的创造力,并将工作群体支持定义为一种开放的沟通环境,使得团队成员可以建设性地挑战他人的想法,并且相互信任和帮助。管理者支持则包括团队目标清晰、管理者对团队工作和想法的支持、一个支持开放式互动的环境（Amabile et al.,1996）。②组织氛围:组织氛围与组织文化紧密相连,是影响组织创造力的重要情景因素。组织文化与组织氛围是两个相对有区别的概念。尤其对于组织创新研究来讲,组织氛围以某种组织文化为基础,表现为组织中的人们的非正式行为或规范,较组织文化,组织氛围更易于观察,因而有利于开展实证检验。以往研究发现心理安全、公平等因素是增强组织创造力及组织氛围的影响因素（Edmondson,1999）。③组织领导力:领导力是保证组织文化和组织氛围对创造力产生作用的关键因素（Mumford,2000;Mumford et al.,2002;

胡泓、顾琴轩、陈继祥，2012）。目前已有研究指出，变革型领导对组织创造力产生积极的推动作用（胡泓、顾琴轩、陈继祥，2012）。

（2）组织制度与组织创造力/创新。组织制度因素是影响组织创造力和创新的另一个重要情境因素（Elenkov et al.，2005；Gupta et al.，2007）。与组织文化相比，组织制度作为一种理性的管理工具，对于组织创造力和创新起着刚性作用。已有研究指出企业战略、组织结构和人力资源管理实践（Mumford，2000）是重要的组织制度因素，这些制度因素对组织创造力及创新具有重要影响。

① 企业战略与组织创造力/创新。企业战略是指企业在经营活动中对自身发展方式的自觉选择，是指导企业及全体员工的行动纲领。目前研究重点关注战略导向（Zdunczyk & Blenkinsopp，2007；耿紫珍、刘新梅、杨晨辉，2012）、战略目标（Martins & Terblanche，2003）和战略类型（Miles et al.，1978）对于组织创造力和创新的影响。

战略导向是指组织在发展过程中的策略选择，为组织长远发展提供了一个导向性原则（Miles et al.，1978）。学习导向和市场导向是影响组织创造力和创新的重要战略导向类型。例如，Zdunczyk & Blenkinsopp（2007）以波兰境内的外商独资企业、合资企业以及国有企业为研究对象，研究学习导向对于组织创造力和创新的影响，结果表明外商独资企业和合资企业比国有企业所采用的学习导向更能显著地正向影响组织创造力和创新。由于学习导向规定了组织学习和发展的方向，如果战略导向的重点在于市场和客户，那么组织内部员工为提高产品和服务质量，就会更加注重从客户、供应商、竞争者收集信息并加强学习，这样就会提高组织创造力和创新水平（Zdunczyk & Blenkinsopp，2007）。近期有研究开始探讨战略导向对组织创造力的影响。例如，耿紫珍等（2012）通过对 162 家企业的研究表明，市场导向对组织创造力有"倒 U 型"影响；企业家导向对组织创造力具有正向影响；市场知识获取在两种战略导向与组织创造力之间具有部分中介作用，技术知识获取在企业家导向与组织创造力之间具有中介作用，它在市场导向与组织创造力之间的中介效应随着市场导向的增强而减弱，且当市场导向达到较高程度时会转变为负向中介效应。刘新梅等（2013）从组织学习视角探讨战略导向与组织创造力的关系，研究结果验证了应用性学习和转化性学习在市场导向与创造力之间的中介关系，探索性学习在市场导向与组织创造力之间的中介效应会随着市场导向的增强而减弱，三种类型的组织学习在企业家导向与组织创造力之间具有中介作用。

Amabile（1998）认为清晰具体的战略目标通常会提高组织内部员工的创造力。战略目标能够激励员工发挥其创造力，为实现组织战略目标而不断地努力。Martins & Terblanche（2003）研究指出组织创造力源于组织使命和目标，具有创造力的组织为了实现组织的战略目标，组织内部人员会通过自身努力和各种方法以实现组织的战略目标。例如，通过产品创新满足客户的需求来实现企业获得持续竞争优势的战略目标。其他学者得出相反的结论，Arad 等（1997）研究发现战略目标反映了组织的价值观和优先考虑的问题，组织战略目标能够促进或者阻碍组织创新，组织内部员工通过努力可以实现的战略目标，则会促进员工创造力的提升；如果组织战略目标过高或者很难实现，则会阻碍员工创造力的发挥。

战略类型的研究主要是基于 Miles 等（1978）提出的模型。他们将组织战略分为战略防御者、战略探索者、战略分析者和战略反映者四种类型（Miles et al.，1978）。如 O'Regan & Ghobadian（2005）以 1 000 家中小型电子和工程公司为样本，研究结果揭示了战略探索型的企业更加注重自身的产品创新能力，战略防御型的企业更加注重对现有产品进行细枝末节的更新，而不是通过开发新的产品来提高企业竞争力。同时他们指出，在动态的外部环境中，战略探索型的企业为了抓住发展的机遇会更加注重创新，战略防御型的企业更加关注企业运营效率、产品或者服务生产和流通效率的优化（O'Regan & Ghobadian，2005）。

② 组织结构与组织创造力/创新。组织结构是影响组织创造力和创新的重要因素。组织结构是指对工作任务如何进行分工、分解和协调。组织结构的构成要素主要包括：集权与分权、正规化、部门化、专业分工、管理幅度、指挥链。目前研究的重点在于组织设计和组织结构要素。

组织设计是指对一个组织的结构进行构建和变革以实现组织目标的过程。目前重点研究有机式组织结构和机械式组织结构。Menguc & Auh（2010）以高新技术企业为样本研究组织结构对于新产品开发的影响，结果表明机械式组织结构中激进式产品创新对于产品开发绩效没有显著的影响，但在有机式组织结构中的结果则相反；在机械式组织结构中，渐进式的产品创新对新产品开发绩效具有显著的影响作用，但在有机式组织结构中则相反。其他学者得出相似的结论。Martins & Terblanche（2003）认为有机式组织结构具有宽松的工作环境和高度的工作自主性，较少的规章制度，这有利于组织创造力的提升。而机械式组织结构则会有很多的规章制度，是阻碍组织创造力发挥的重要因素。

组织结构要素对组织创造力和创新有重要影响。已有研究重点探讨正规化、集权化、分权化和专业化,这些构成要素能够促进或者阻碍组织创造力。例如,Damanpour(1991)采用元分析的方法研究组织创新的影响因素,研究发现正规化和集权化对组织创新有显著的阻碍作用,而专业分工则显著地正向影响组织创新。因为高度正规化和集权化的组织具有明确的规定和程序,会阻碍员工创新行为的产生,而非正规化的组织则能够激励员工发挥其创造性的思维,进而提高组织创新能力。但其他学者得出相反的结论。如 Daugherty 等(2011)以304 家电子制造业公司为研究对象,研究分权化、正规化和专业化对企业物流服务创新能力的影响。在原假设中,他认为正规化对企业物流创新能力有显著负相关关系,但研究结果发现分权化和正规化能够显著提高企业物流服务创新能力,专业化并不能很好地预测企业物流服务创新能力。因为组织的分权化增加了不同部门之间的互动行为,这样为创新思想的产生提供了机会,进而提高组织创新能力;而正规化可能是有益的,原因在于它能够反映组织对某种活动的认同,从而传达这些活动的重要性和价值。因此,正规化的程序或者活动并不一定抑制创新思想(Daugherty et al.,2011)。由于组织面临着内部和外部的压力,公司更加注重整合内部与外部流程,供应链一体化模糊了传统部门之间的界线,并要求员工之间广泛协作,在这种理念下,专业化并不能很好地促进服务创新思想的产生(Daugherty et al.,2011)。

③ 人力资源管理实践与组织创造力/创新。人力资源管理实践是影响组织创造力和创新的重要因素之一。人力资源管理实践包括:招聘、奖励、培训、绩效评估等实践活动。这些实践活动可以促进或者阻碍组织创造力和创新。

人力资源管理实践是影响个体创造力的重要因素,奖励和培训对个体创造力产生重要影响。Amabile(1998)认为组织的奖励会对员工创造力产生重要影响,当员工创造性地完成任务时,员工会得到奖励,如果员工不能够完成任务则会受到惩罚,这种处理方式会阻碍员工创造力的发挥。同时他还指出,奖励方式的不恰当会产生两种消极后果:第一,促使员工更加注重以成果为标准来衡量外部奖励;第二,组织内部由此形成一种害怕受到惩罚的氛围,这样就会阻碍从工作本身获得的内部激励(Amabile,1998)。培训是影响组织创造力的重要因素之一。例如,Wang & Horng(2002)以一家大型国有制造业公司 106 名员工为样本,研究帮助员工创造性解决问题的培训对于员工创造力、认知类型和研发绩效的影响,其中 71 名员工自愿参加培训项目,剩余 35 人没有参加培训项目,通过对比分析发现,参加培训之后,员工思维灵活性的得分非常高。同时他们发现,创造性解决问题的能力培训是一种有效提高研发人员创造性思考能力和研发绩效的方法。这主要是由研发任务和创造性解决问题培训的本质所决定的，因为研发任务需要相当长的时间才能有结果，在研发的过程中需要创造性思考，而创造性解决问题的培训可以培养员工创造性思维，例如通过头脑风暴法刺激员工思维的灵活性，这样就有可能产生原创性想法。还有一种可能就是参与者把培训中学习到的方法运用到他所关注的领域（Wang & Horng，2002）。

人力资源管理实践对组织创新产生重要影响。目前研究重点关注制造业和服务业的人力资源管理实践对于其创新的影响。例如，Laursen & Foss（2003）以丹麦 1 900 家私有企业为研究对象，研究人力资源管理实践中的内部自律工作组、质量环、员工建议收集系统、薪酬以及培训等 9 个方面对于组织创新的影响，结果发现 94.5% 的公司至少使用过 2 项人力资源管理实践，66.7% 的企业至少使用过 3 项人力资源管理实践；制造业公司人力资源管理实践中的薪酬、内部培训和外部培训显著地正向影响其创新绩效。同时他们分析了制造业公司和非制造业公司人力资源管理实践的区别，结果表明制造业公司比非制造业公司更加关注组织创新，制造业公司更加关注产品创新和过程创新，而非制造业公司则更加注重服务创新。其他的研究也重点关注了制造业的人力资源管理实践。Shipton 等（2006）以 22 家制造业公司为调查对象，研究人力资源管理实践中的培训、团队工作、就职仪式、绩效评估、探索性学习和队伍奖励对组织创新的影响，结果发现探索性学习、培训、绩效评价、就职仪式、团队工作显著地正向影响企业的产品创新和技术系统创新，同时他们也发现绩效评估与探索性学习的交互作用显著地正向影响企业的产品创新，培训与探索性学习的交互作用显著地正向影响企业的技术系统创新，就职仪式与探索性学习的交互作用显著地正向影响企业的技术系统创新。而其他的学者对人力资源管理实践做了进一步的研究。例如，Cooker & Saini（2010）以印度 54 家不同企业的经理为研究对象，重点研究战略人力资源管理实践对于企业创新的影响。研究发现有 14 家企业至少采用 3 种类型的创新，25 家公司采用 2 种类型的创新（产品创新和过程创新），15 家公司只采用产品创新。他们指出，人力资源管理实践中的学习、员工投入和质量措施、绩效管理、员工福利对企业创新具有重要影响，高效的人力资源管理实践如果与员工需求相匹配，就会提高员工的工作投入度、自由度，进而促进员工主动思考（Cooker & Saini，2010）。国内对于人力资源管理实践的研究也有很多。如 Li 等（2006）研究了中国境内 8 个省市的 194 家高新技术公司的人力资源管理对技术创新的影响，研究结果表明员工培训、非物质激励和过程控制有利于激发组织的技术创新活动，而物质激励和结果控制则会阻碍技术创新。刘新梅和王文隆(2013)从组织学习视角研究战略人力资源管理对于组织创造力的影响,研究验证了承诺型的人力资源管理实践显著地正向影响组织创造力,组织学习能力在两者之间具有中介作用,控制型的人力资源管理实践对组织创造力具有显著的负相关关系。

2.3　组织绩效

2.3.1　组织绩效概念

组织绩效是组织管理领域研究的一个焦点问题。由于研究视角的不同,学者对组织绩效的界定有差异。Seashore 认为组织绩效是衡量企业经营绩效的各种评价指标的总和,而这些指标能系统地反映企业经营状况。这个定义的提出,引起了学者们普遍的关注。但是,Campbell 指出组织绩效并不能直接测量,需要组织绩效的理论模型来辅助测量。于是大量研究开始通过各种方法和模型来界定组织绩效。

由于组织类型和评估者的研究角度不同,组织绩效的定义方式也不尽相同。例如,Ford & Schellenberg 提出定义组织绩效的三种方法:①目标法。该方法主要假定企业追求明确的目标,从实现企业目标的实际情况来判断组织绩效。②系统资源法。该方法主要是考虑组织绩效与组织所处的外部环境和资源有关系,通过判断企业获得资源的能力来评估组织绩效。③成分法。该方法主要是通过组织成员之间或者组织成员与组织之间的行为来评估组织绩效。还有的研究将组织绩效定义为三维度的概念(Ruekert et al.,1985),其中包括:①组织效率,主要考虑投资回报率,即组织投入的资源与产出的比值;②组织效能,主要考虑与竞争对手相比较有关的市场占有率或者销售增长率;③组织适应性,主要考虑企业推出的新产品在市场的成功率,以及企业应对外部环境威胁的应变能力。

2.3.2　组织绩效维度和测量

对于组织绩效的维度测量,学者们从不同的视角进行探讨,总结以前研究组织绩效的评价指标主要有以下分类方式:①单维度和多维度指标;②财务指标和非财务指标;③客观指标和主观指标(Zahra,1993;Bushman,Indjejikian,& Smith,1996;Kaplan & Norton,1996;陈小宁,2010)。

(1)单维度和多维度指标。早期关于组织绩效的测量主要通过单一的维度来测量，如销售报酬率（Zahra，1993），采用单维度的评估指标可以较好地测量组织绩效。但是这种测量方式具有局限性，因为组织追求的目标具有多样性，所以组织绩效的测量指标应该采用多维度指标进行评估（Kaplan & Norton，1996，陈小宁，2010）。

（2）财务指标和非财务指标。随着研究的不断深入，众多研究者们采用财务指标和非财务指标测量组织绩效（Bushman，Indjejikian，& Smith，1996；陈小宁，2010；袁平，2010）。财务指标和非财务指标可以衡量组织绩效的优劣程度（Choi & Mueller，1992）。常用的评估组织绩效的财务指标包括销售增长率、净利润、销售利润率、资产收益率等（Dess & Robinson，1984；陈小宁，2010）。一方面，这些财务指标能客观反映组织绩效，但通常反映的是企业过去的成果，很难反映出企业未来发展的绩效。另一方面，企业的这些客观财务指标一般都属于商业机密，调研数据获取的难度很大。非财务指标主要包括市场占有率、顾客满意度等组织中有关人的绩效指标（Kaplan & Norton，1996；Bird & Beechler，1995）。这些指标在竞争日益激烈的市场环境中显得非常重要。

（3）客观指标和主观指标。客观指标主要是指通过定量的方式测量组织绩效，如财务指标。主观指标则是通过心理测试等方式主观评价组织绩效。由于在管理研究的过程中，多数的客观指标并不能直接获取，所以在研究的过程中多数研究采用主观评价的方式测量组织绩效（陈小宁，2010）。

当然还有研究采用客观指标和主观指标相结合的方式，运用多维度的指标测量组织绩效，以保证研究的科学性和严谨性。例如，Quinn & Rohrbaugh（1983）把组织绩效的评价指标分为三类：①组织关注的焦点，如生产率、利润等；②组织对结构的偏好，主要包括组织对外部环境的适应性，以及处理组织问题的凝聚力等；③组织追求的成功部分，主要包括员工的培训和发展等。Venkatraman & Ramanujam 指出组织绩效包括财务绩效（销售增长率和投资回报率）、营运绩效（新产品投入、产品质量等）和组织效能（员工士气等）。Kaplan & Norton（1996）提出了著名的"平衡计分卡"来测量组织绩效。该理论主要从组织的财务、顾客、组织内部流程和学习与成长这四个指标来评价组织绩效。Zahra & Bogner（2000）通过三种指标来衡量组织绩效，即近三年的税前平均利润率、销售增长率和市场份额增长率，这三个指标可以准确地衡量组织绩效。Murphy，Trailer，& Hill（1996）通过文献综述的方式研究组织绩效的维度，其中采用效率、利润、成长三个维度。从数据来源上讲，75%的测量采用客观评价，29%的测量采用主观评价，9%的测量采用主客观评价法。

通过以上对组织绩效维度和测量的分析,学者们认为组织绩效是一个多维度的构念,采用客观评价方法可以真实地反映组织绩效,但是由于客观数据很难获得,所以客观评价法具有一定的局限性。主观评价法收集数据相对简单、方便。因此,本研究采用主观评价法来衡量组织绩效,主要参考 Tan & Litsschert (1994)开发的组织绩效量表。

2.4　人力资源柔性

随着科技的不断进步,信息技术的迅猛发展,企业面临日益复杂的外部环境。企业在这种环境下要想保持自身的竞争优势,需要具有组织柔性以应对外部快速变化的环境。人力资源柔性作为组织柔性的重要方面,对于提升组织绩效和获得竞争优势具有重要的作用。

2.4.1　人力资源柔性概念和内涵

柔性(Flexibility)意为可曲性、弹性、适应性等,原意是指物质的一种物理特性,后来有了引申义,包括了人的行为和技能等。随着对战略柔性研究的不断深入,学者们开始从职能层面将柔性引入人力资源管理领域,在这种背景下,产生了人力资源柔性这一概念。通过对现有文献的梳理,目前研究从资源基础观和动态能力视角对人力资源柔性进行界定。

人力资源柔性最早起源于 Atkinson (1984)的研究。他提出人力资源柔性是对人力资源数量、技能和行为等进行调整和配置的一种能力,以便应对外部快速变化的环境。其他研究者也认为人力资源柔性是一种有价值的能力,并重点强调公司的特殊的有价值的能力(Wright & Boswell,2002;Wright & Snell, 1998)。这种能力能够快速适应外部经济环境的变化和企业战略需求转变的需要(Hitt,Keats & DeMarie,1998)。从资源基础观的角度进行界定,部分学者指出人力资源柔性是有价值的、稀缺的、难以模仿的和不可替代性的资源,能够为企业带来持续竞争优势(Bhattacharya et al.,2005)。还有学者从动态能力的视角界定人力资源柔性。例如,Bhattacharya,Gibson,& Doty (2005)提出人力资源柔性是一种动态能力,主要关注员工的知识、技能和行为的多样性并能够适应外部环境变化的一种能力。Milliman 等(1991)界定人力资源柔性是人力资源系统有效使用和及时适应外部环境的变化,以及适应企业自身多样化需求的一种能力。Ofori & Debrah (1998)定义人力资源柔性是指企业对员工结构、雇佣方式、工资水平和产品价格的相应调整和变化，以及为实现这些目标所采取的战略。Wright & Snell（1998）将人力资源柔性界定为人力资源系统通过相关的人力资源实践活动进行重构，以及采用各种方式利用现有员工技能和行为的一种能力。Kara，Kayis，& O'Kane（2002）认为人力资源柔性是指组织灵活地运用人力资源要素（如人员结构、数量等），以便适应组织规模和组织结构变化需要的能力。由此可见，人力资源柔性重点强调了组织内部员工的知识、态度和行为的多样性，能够适应外部环境变化的一种能力。

如上所述，本书界定人力资源柔性是一种能力，重点关注了员工的知识、技能和行为的多样性，以便快速地适应内外部环境变化的一种能力。

2.4.2　人力资源柔性维度和测量方式

已有学者对人力资源柔性的维度和测量方式进行了探讨，由于研究视角不同，人力资源柔性在维度构成和测量方式上有较大的差异性（Atkinson，1984；Michie & Sheehan-Quinn，2001；Bhattacharya et al.，2005；Beltrán-Martín et al.，2008）。根据人力资源柔性测量的相关研究，学者们从两维度、三维度和四维度对人力资源柔性进行测量。

（1）两维度。Atkinson（1984）将人力资源柔性划分为两个维度，即数量柔性（numerical flexibility）和职能柔性（functional flexibility）。数量柔性是指企业在面临市场和生产需求的变动时，及时根据市场需求的变化来改变人力投入的数量和种类，这样减少了企业面临人员不足或者剩余的问题，保证了企业人力资源的最佳配置。数量柔性的本质是从内部和外部市场上获得劳动力，实现企业人员供给和需求的平衡，从外部获得数量柔性主要是采用季节工、人员派遣、非全时工等，而内部柔性的获得主要是通过对雇佣员工进行调节来实现的，主要方式如加班、假期等形式（Atkinson，1984；Michie & Sheehan-Quinn，2001）。职能柔性是指促进企业内部员工学习和发展多样化的技能，使员工适应企业内部不同的工作内容，最终快速地适应市场需求与产业变化的要求（Atkinson，1984）。Atkinson（1984）在分析数量柔性和职能柔性的基础上把公司的员工分为核心员工和外围员工两种类型。核心员工是指直接从事关键性业务，具有生产经营过程中所需要的技能水平，并不断地提高自身技能的员工。外围员工主要从事辅助性的生产经营活动，所涉及的工作内容比较简单，所需要的技能层次比较低（Atkinson，1984）。Looise 等（1998）在研究企业柔性的基础上，将人力资源柔性划分为内部人力资源柔性和外部人力资源柔性。内部人力资源柔性是指组织内部人力资源池在特定的时间内所表现出的柔性,这些柔性可以通过对员工的鼓励,以及从事多角色的工作任务来完成;而外部人力资源柔性是指企业从外部劳动市场获得临时性的员工来保持人力资源的柔性。

(2)三维度。大部分研究将人力资源柔性划分为三个维度进行测量。例如,Wright & Snell(1998)提出人力资源柔性的三个维度,他们认为人力资源柔性可以从员工技能柔性、员工行为柔性和人力资源实践柔性进行分析。Bhattacharya 等(2005)在 Wright & Snell(1998)研究的基础上,指出人力资源柔性的由三个维度构成,即技能柔性、行为柔性和人力资源实践柔性。技能柔性主要反映了企业员工所拥有的有效技能的种类,以及快速学习新技能的速度;行为柔性主要反映了员工快速适应变化的环境以及在不同情境下展现出合适的技能的能力;人力资源实践柔性主要反映人力资源实践对变化的环境做出快速反应的能力(Pulakos et al.,2000;Bhattacharya et al.,2005)。在以上学者研究的基础上,Beltrán-Martín 等(2008)认为人力资源柔性是由职能柔性、技能柔性和行为柔性构成。他们指出职能柔性主要反映员工在多样化的环境下能够完成不同的任务,从而降低了生产成本;技能柔性主要反映了员工快速学习的能力和执行新任务的能力;行为柔性主要反映了在不同的环境下所表现出的行为多样性。

(3)四维度。有些研究指出人力资源柔性是由四个维度构成。例如,Atkinson & Meager(1986)在提出人力资源柔性二维度的基础上,将人力资源柔性划分为四个维度,即财务柔性、数量柔性、职能柔性和距离柔性。Blyton & Morris(1991)提出人力资源柔性包含四个维度:数量柔性、职能柔性、时间柔性和薪酬柔性。数量柔性主要反映企业人力资源的数量和种类能够适应企业发展的需要,并迅速地调整企业的人力资源需求;职能柔性主要反映了员工在一定的工作任务范围内的适应性或者多样技能;时间柔性主要是指在符合企业业务发展的需求下,满足员工因自身的需要所采用的柔性工作时间;薪酬柔性主要是指企业采用多样化的薪资结构来支付员工工资,建立以绩效为基础的薪酬支付体系。

除了前面提到的国外研究成果,国内学者也对人力资源柔性进行了探讨。例如,孟繁强等从人力资源属性的角度将人力资源柔性划分为数量型人力资源柔性和功能型人力资源柔性。从人力资源柔性管理内容来讲,他们认为人力资源柔性是由薪酬柔性、实践柔性、距离柔性和协调柔性构成;从人力资源管理范围来讲,把人力资源柔性分为外部型人力资源柔性和内部型人力资源柔性。程鹏认为人力资源柔性包括功能型人力资源柔性和数量型人力资源柔性。由此可见，人力资源柔性是一个多维度的概念。根据以上的研究，大多数研究认可人力资源柔性是一个多维度的概念。目前研究者认可 Beltrán-Martín 等(2008)所提出的人力资源柔性维度是由职能柔性、技能柔性和行为柔性构成。因此本书也采用这三个维度来测量人力资源柔性。

2.4.3 人力资源柔性的前因和作用结果

对于人力资源柔性的影响因素，目前大量研究都探讨了动态环境和人力资源管理实践对于人力资源柔性的影响(Atkinson，1984，1986；Hakim，1990；Ofori & Debrah，1998；Bhattacharya et al.，2005；Beltrán-Martín et al.，2008)。

在动态环境方面，当企业面临动态的外部环境时，企业经营环境的不稳定性就会扩大，那么企业的生产经营活动就具有很大的波动性，当需求旺盛时，现有员工的数量就会出现短缺，但在需求淡季时，企业的员工就会出现过剩，这样就需要企业的人力资源管理实践具有弹性(程鹏，2009)。环境是影响企业人力资源柔性的重要因素。例如，Hakim (1990)认为在经济衰退时和经济高涨时，管理者主要采用柔性的人力资源管理，更多利用外围员工，以减少企业的成本以及劳动市场的波动性对企业的影响。Ofori & Debrah (1998)在研究新加坡建筑行业的劳动力趋势时指出，企业外部经营环境的不确定性是影响人力资源柔性的重要因素，建筑行业可以充分利用外部员工来获取企业人力资源的数量柔性，使企业获得竞争优势。

在人力资源柔性的影响因素方面，除了上述环境因素外，还有研究探讨了人力资源管理实践对人力资源柔性的影响，通过探讨人力资源柔性的作用，有利于解释人力资源实践影响组织绩效的作用机制(Way，2006；Beltrán-Martín et al.，2008；Tracey，2012)。例如，Bhattacharya (2000)研究发现人力资源管理实践是影响人力资源柔性的重要因素，能对技能柔性、行为柔性和人力资源实践柔性产生积极的影响，进而促进组织绩效。Way (2006)以 198 家企业为样本，验证了人力资源管理实践是影响人力资源系统柔性的重要因素，人力资源管理实践和柔性导向的竞争战略能够显著地影响人力资源系统柔性，人力资源系统柔性会影响人力资源竞争柔性，最终会影响组织绩效。Beltrán-Martín 等(2008)通过对 222 家西班牙公司的调查，实证检验了高绩效人力资源系统是影响人力资源柔性的重要因素，即高绩效人力资源系统显著地正向影响职能柔性、技能柔性和行为柔性,研究发现高绩效人力资源系统并不能直接影响组织绩效,人力资源柔性在两者之间具有完全中介作用。Tracey(2012)从归因理论的角度探索人力资源系统与组织绩效之间的关系,并提出高承诺工作系统是影响人力资源柔性的重要因素,同时指出高承诺工作系统通过人力资源柔性和承诺氛围影响人力资源归因,最终有利于组织绩效的提升。

在人力资源柔性的作用结果方面,学者们重点关注了人力资源柔性对组织绩效的影响。例如,Ichniouwski(1992)研究发现员工参与、柔性化、柔性的薪酬激励方式能够显著地提高企业的生产效率。Huang & Cullen(2012)通过对台湾制造业公司的人力资源经理进行访谈发现,人力资源柔性显著地正向影响组织内部员工的适应性能力,并提高员工参与组织战略的决策水平。Beltrán-Martín 等(2008)研究验证了人力资源柔性显著地正向影响组织绩效。

此外,国内研究也对人力资源柔性进行了探讨。例如,吴宏志(2007)以121家企业为调研对象,研究揭示了人力资源柔性是影响企业创新的重要因素,管理能力柔性和员工能力柔性对产品创新产生积极的影响,雇佣柔性和协调柔性对产品创新没有显著的影响。田新民(2007)研究表明人力资源柔性显著地正向影响组织绩效。由此可见,人力资源柔性的结果变量研究主要集中在组织绩效上面,少有研究探讨人力资源柔性对企业产品创新和组织创造力的影响。

2.5 知识整合能力

在知识经济的背景下,企业更加注重以知识为基础的企业能力的发展。企业能力理论强调了企业所拥有的有价值的、稀缺的、难以替代的资源是企业获得持续竞争优势的来源。知识整合能力作为企业的一种重要能力,能够把组织从外部获取的知识资源和信息,在组织内部进行有效的整合,这种能力对于企业持续获得竞争优势具有重要的作用。

2.5.1 知识整合能力概念和内涵

已有研究对企业知识整合能力的概念和内涵进行了界定,由于研究目的和视角的差异性,学者们对企业知识整合能力的概念内涵有不同的意见。本书拟对知识整合能力的相关文献进行系统的梳理,以便确定知识整合能力的概念和内涵。

Henderson & Clark(1990)首先提出知识整合能力的概念,他们从产品开发的角度阐述知识整合能力的概念,并将企业的知识分为组分知识(component knowledge)和结构知识(architectural knowledge)。其中,组分知识是指在产品设计的过程中要把每个部件的核心设计思想都运用到特定的部件当中去;结构知识是指把这些部件装配或者连接在一起形成整体所需要的知识。同时,他们还指出知识整合能力主要还是受外部市场的驱动,以问题为导向,在解决问题的过程中能够产生结构知识,该过程就是知识整合的过程(Henderson & Clark,1990)。在 Henderson & Clark(1990)提出知识整合能力的概念后,学者们开始对知识整合能力进行关注,并对其概念进行界定。例如,Kogut & Zander(1992)认为知识整合能力是指企业综合运用现有知识与获取知识的能力,强调企业整合现有和挖掘潜在知识的能力,同时还注重知识整合工具如数据库的运用等。Iansiti & Clark(1994)指出知识整合能力主要包括在不确定的市场环境下的客户知识整合和技术知识整合,并把知识整合能力区分为企业外部整合能力和内部整合能力,来描述企业能力的形成过程。Pisano(1994)将知识整合能力界定为企业对信息资源或关键技术具有较强的探索、辨别、筛选和匹配能力,可以最大限度地提高知识运用效率。Inkpen & Dinur(1998)将知识整合能力定义为知识的联结,即个人和组织之间通过正式的或者非正式的关系促进知识的分享和沟通,最终使个人的知识转化为组织的知识。

Boer 等(1998)在上述研究的基础上,对知识整合能力的概念进行了界定,这为后续的研究奠定了坚实的基础。他们认为知识整合能力是系统化、社会化和合作化三种能力的综合。其中,系统化能力主要指生产作业的标准化程度,能够将现有的知识整合成新知识的能力;社会化能力是指通过企业文化、价值和信念的推动,将隐性知识整合成新知识的能力;合作化能力是指通过管理工具如培训、联络设备和参与等形式,使组织内部成员之间与内部团队或者单位之间将显性或者隐性知识整合成新知识的能力(Boer et al.,1998)。

国内学界也对知识整合能力进行探讨。例如,任浩和邓三鸿(2002)将知识整合能力界定为运用科学的方法对不同来源、层次、结构、内容的知识进行综合和集成,并对这些知识进行再建构,对单一知识、零散的知识、显性和隐性的知识进行整合,从而形成新的知识体系。陈力和宣国良(2005)认为知识整合能力是指组织为了适应外部环境的变化,从利益相关者身上识别知识、筛选知识、吸收知识,对这些知识加以提炼和共享,将个体知识上升为组织知识,并发展新知识的过程。陈静指出知识整合能力的内涵主要包括:①知识整合对象来源于不同层次、不同结构、不同形态的知识,包括了企业内外部知识;②知识整合是一个动态的循环过程,通过对知识的加工和融合能够形成新的知识;③知识整合具有开放性;④知识整合是组织的动态能力。

根据上述研究,本书将知识整合能力界定为系统化、社会化和合作化三种能力的综合,能够将现有知识、显性知识和隐性知识整合成新知识的能力。

2.5.2 知识整合能力维度和测量

由于研究视角的不同,知识整合能力在测量上具有较大的差异性。通过对现有文献的梳理发现,已有研究从两维度、三维度和四维度对知识整合能力进行测量。

(1)两维度。Iansiti & Clark(1994)将知识整合能力划分为两个维度,即外部知识整合能力和内部知识整合能力。外部知识整合能力主要是指企业对外部的供应商、顾客、竞争者的知识进行整合;内部知识整合能力主要是指协调组织不同部门的知识,并对组织内部各部门和团队之间的知识进行整合。在此基础上,Mehta 等(2006)开发了知识整合能力的具体测量指标,其中内部知识整合能力包含 4 个测量题目,外部知识整合能力包含 3 个测量题目。潘文安(2012)指出企业知识整合能力是由内部知识整合能力和外部知识整合能力构成的。其中,内部知识整合能力包含内部系统化能力、内部协调能力和内部社会化能力,外部知识整合能力包含外部系统化能力、外部协调能力和外部社会化能力。

(2)三维度。还有研究提出知识整合能力是由三维度构成的概念。例如,Kogut & Zander(1992)认为知识整合能力包含外部交流、知识过滤和知识共享机制三个方面。Grant(1996)重点强调知识整合能力包含知识规划、内部沟通和合理协调。在上述研究的基础上,Boer 等(1999)认为知识整合能力包括系统化能力、社会化能力和合作化能力三个方面。系统化能力是指生产作业的标准化程度;社会化能力是指企业文化、价值观和信念促进隐性知识转化为新知识的能力;合作化能力是指组织内部成员或者团队之间的合作能将显性复杂知识或隐性知识整合成新知识的能力。该量表的提出得到众多研究者的认可(Nonaka,Toyama,& Konno,2000;Tiwana & Ramesh,2001;谢洪明、葛志良、王成,2008)。

国内研究也对知识整合能力的维度构成进行了探索。例如,吕鸿德和朱倍莹(2001)从部门主管、个人技能和团队整合三个维度构建了知识整合能力的测量量表,并探讨知识整合、创新策略与知识转移绩效的关系。刘帮成(2008)从与供应商的垂直整合、与主要客户的垂直整合、跨职能部门的水平整合三个方面研究企业的知识整合能力。谢洪明等(2007)认为企业的知识整合能力是由系统化、社会化和合作化三个维度构成，并研究社会资本、企业文化、知识整合与核心能力的作用关系。

(3) 四维度。还有研究指出知识整合能力是由四个维度构成。例如，Lee & Yang (2000)认为知识整合能力是由信息共享、知识评价、标准化和一致性四个方面构成。陈静提出知识整合能力包含知识的识别能力、贡献能力、融合能力和利用能力。魏江和徐蕾(2014)在研究集群企业创新能力的提升路径时，提出知识整合能力包含两种类型的能力，即互补型知识整合能力和辅助型知识整合能力。这两种类型的知识整合能力都是由知识获取、知识解构、知识融合和知识重构四个维度构成。

从以上的研究看出，知识整合能力是一个多维的概念。综上所述，目前众多研究者认可 Boer 等(1999)所提出的知识整合能力包含系统化、社会化和合作化三个方面的观点。因此，本书采用这三个维度来测量知识整合能力。

2.5.3　知识整合能力的前因和作用结果

1. 知识整合能力的影响因素

已有研究重点探讨了市场导向、资源互补、信息共享、关系强度、关系资本、社会氛围、知识网络嵌入对企业知识整合能力的影响(Lin & Chen，2006；Collins & Smith，2006；Carmeli & Azeroual，2009；魏江、徐蕾，2014)。例如，Lin & Chen (2006)在研究网络产品创新时指出，在网络中具有较高的知识整合能力，组织拥有较高的网络产品创新绩效，在网络中具有较高的资源互补性，那么组织的知识整合能力就越高。Collins & Smith (2006)以 136 家企业为研究对象，探讨人力资源实践与组织社会氛围、知识交换和整合，以及组织绩效的关系时发现，以承诺为基础的人力资源管理实践显著地正向影响组织社会氛围，这种社会氛围能够促进知识的交换和整合，最终会影响新产品或服务的收益。Carmeli & Azeroual (2009)以高新企业为研究样本，试图探索关系资本对于知识整合能力的影响，通过对 122 个知识单元的样本研究，结果发现关系资本显著地正向影响知识整合能力，知识整合能力能够促进单元绩效的提升(unit performance)，并发现知识整合能力在跨部门的关系资本与单元绩效之间具有部分中介作用。

国内学界也对知识整合能力进行了探索，并重点探讨了沟通交流、关系强度和知识网络嵌入对知识整合能力的影响。例如，孙永风、李垣(2005)对 585 家企

业进行了调查,研究发现组织部门之间的沟通与交流为企业内部知识整合提供
了有利的组织环境,外部知识获取本身并不能产生新的知识,只有通过部门内部
的沟通与交流,外部获取的知识与企业的内部知识有效的结合才能创造新的知
识。潘文安(2012)通过对 386 家企业的调研,探讨了关系强度、知识整合能力与
知识转移之间的关系,研究检验了关系强度对供应链协同性知识转移和外部整
合能力具有显著的正向影响,而对创新性知识和内部整合能力则不产生积极的
影响。魏江和徐蕾(2014)在研究知识网络双重嵌入、知识整合与集群企业创新
能力的关系时,通过对 206 家企业的实地调研,结果发现本地知识网络嵌入、超
本地知识网络嵌入通过知识整合能力影响集群企业的创新能力。

　　2. 知识整合能力的作用结果

　　目前研究重点关注了知识整合能力对组织绩效、整合效率、组织创新的影响
(Grant,1996;Teigland & Wasko,2003;Tiwana,2004;Yang,2005;
Mitchell,2006;魏江、徐蕾,2014)。例如,Grant(1996)认为知识整合能力是组
织能力的本质属性,在动态的外部竞争环境下,知识整合能力对于提升企业的竞
争优势具有重要意义。Teigland & Wasko(2003)通过对信息技术和咨询服务
公司的调研,探讨知识整合与个人绩效的关系,研究验证了外部信息整合能力并
不能积极地影响个人绩效,而内部信息整合间接地影响个体的创造性。Tiwana
(2004)以软件开发行业的 232 家企业为研究对象,结果发现在软件开发的过程
中具有较高知识整合水平的企业可以提高软件开发的效率,同时降低了在开发
过程中的失误率,减少了产品缺陷,最终会影响组织绩效。Yang(2005)通过调
研 500 家高新技术企业,研究知识整合和知识创新对新产品开发绩效的影响,结
果发现知识整合和知识创新显著地正向影响新产品开发绩效,营销能力和制造
能力在两者之间具有中介作用。Mitchell(2006)研究首席知识官和 IT 经理对
知识整合能力与项目成绩之间的关系,以 74 家企业为研究对象,结果发现首席
知识官的外部获取能力和内部知识整合能力对整个项目的完成都能产生显著的
影响,IT 经理的外部知识获取能力和内部知识整合能力对项目的及时完成产生
积极影响。

　　目前国内研究重点探讨知识整合能力对组织绩效和组织创新的影响。例
如,谢洪明、葛志良、王成(2008)通过对 172 家企业的调研,探索社会资本、企业
文化、知识整合与核心能力及组织绩效的关系,结果发现知识整合能力对企业的
核心能力产生积极的影响,而核心能力最终会影响组织绩效。李贞和杨洪涛在
研究吸收能力、关系学习及知识整合能力对企业创新绩效的影响时,以 236 家科

技型企业为样本,研究发现吸收能力和关系学习显著地正向影响企业的知识整合能力,知识整合能力显著地正向影响企业创新绩效。魏江和徐蕾(2014)验证了知识整合能力能够显著地正向影响集群企业的渐进性创新和突破性创新。由此可见,目前研究重点关注知识整合能力对组织绩效和组织创新的影响,少有研究探讨知识整合能力对组织创造力的影响。

2.6　互动导向

随着经济的发展,顾客在交易过程中的地位发生了重大的变化,企业的竞争本质发生了转变,以顾客为中心的时代已经来临。信息技术的发展使顾客更加主动地了解产品的功能、质量和定价等信息。由于顾客需求呈现多样化,企业满足顾客的个性化需求就变得非常重要,这样就需要企业通过各种途径了解顾客的需求,并生产和设计满足顾客价值需求的产品。于是在这种背景下,企业与顾客的互动成为一种趋势,只有了解顾客的需求,才能促进企业与顾客紧密联系,与顾客共同创造价值,因此,企业与顾客的互动就成为共创价值的核心。

2.6.1　互动导向概念和内涵

1. 概念和内涵

Ramani & Kumar(2008)认为互动导向是指企业与个体顾客进行的互动,以及通过不断的互动从顾客那里获取信息来实现有价值的顾客关系的能力。他们指出互动导向是由顾客概念、互动反应能力、顾客授权和顾客价值管理四个维度构成。互动导向作为一种全新的战略导向类型,反映了企业与顾客的互动能力,促进企业从顾客那里获取信息,并通过持续的互动来获取有价值的顾客关系(Ramani & Kumar,2008;陈昊雯、李垣、刘衡,2011)。其中,顾客观念是指企业的基本信念和经营哲学,互动反应能力是实现顾客价值的过程,顾客授权和顾客价值管理是共创价值的相关活动。

(1)顾客概念:是指在充分考虑顾客差异的同时,把个体顾客作为企业营销活动的起点(Hoekstra et al.,1999;Ramani & Kumar,2008)。企业在营销活动中,应从细分市场转向个体顾客,将个体顾客作为企业营销的基本单位,重点强调"顾客",其中顾客还包括中间商、代理商等成员(Ramani & Kumar,2008)。

(2)互动反应能力:是指企业将其服务的特定顾客与其他顾客的响应行为进行动态整合,并持续为每位顾客提供产品、服务和关系体验的程度(Ramani &

Kumar，2008)。此维度反映了企业整合不同资源来应对客户的能力(陈昊雯等,2011)。

(3) 顾客授权:主要反映了企业提供给顾客灵活的业务处理权利,同时为顾客提供反馈对产品、服务建议的途径(Ramani & Kumar，2008)。其主要特点是企业与顾客互动时,应该给予顾客更多的话语权,并将顾客是核心的经营理念引入企业的各个业务单元(陈昊雯等,2011)。

(4) 顾客价值管理:是指企业分析每种与顾客互动关系的成本收益。此维度是指导营销资源分配决策的重要依据(Ramani & Kumar，2008)。顾客价值管理能使企业更好地掌握顾客的需求,做到最大限度地保有有价值的顾客,并针对不同的顾客采取差异化的营销策略,最大化地满足顾客的价值需求,从而提高企业的经营业绩(袁平,2010)。

根据上述研究,本书界定互动导向是一种全新的战略导向类型,该导向反映企业与顾客的互动能力,能够促进企业从顾客那里获取信息,并通过持续的互动来获得有价值的顾客关系。

2. 互动导向的发展基础

互动导向的产生具有鲜明的时代特色和深厚的理论基础。互动导向产生和发展的基础主要来自市场导向、顾客参与和共创价值理论。因此,梳理市场导向、顾客参与和共创价值理论的相关文献,有利于深化对互动导向的理解。

(1) 市场导向。经过 20 多年的发展,对于市场导向的研究已经非常完善。市场导向是互动导向发展的基础,互动导向是在市场导向的基础上的发展。因此,系统地梳理市场导向对于互动导向的研究具有重要的作用。

市场导向起源于 Kohli & Jaworski (1990)的研究。他们的研究被视为市场导向概念的起源。Kohli & Jaworski (1990)从行为观点对市场导向的概念进行界定,他们认为市场导向是营销观念的执行过程,并将市场导向界定为在整个组织范围内对市场情报的开发、信息在组织内部各部门之间的传递,以及组织对市场情报的反应。Narver & Slater 还从组织文化的角度对市场导向进行定义。由于以上研究对市场导向定义的科学性和实用性,因而得到学术界的普遍认可。

关于市场导向的影响因素,目前研究重点探讨高层管理者、部门间因素、组织制度因素、外部环境对市场导向的影响(Kohli & Jaworski，1990；Li et al.，2006)。例如,Kohli & Jaworski (1990)指出决策者的隐性一致性、决策层承担风险的意愿、决策者的教育背景以及决策者对变化的态度等因素对市场导向有显著的正向影响,同时他们还发现部门之间的活跃程度,组织结构的部门化、程序化、集权化与市场活动具有相关性。Pelham & Wilson（1995）以小企业为样本，实证检验了组织的程序化程度以及组织结构对市场导向的影响。对于组织制度因素，Li 等（2006）研究政府干预和公司治理结构对企业战略导向的影响，结果发现政府的干预阻碍了企业以市场导向为基础的激励机制的发展，正式的企业治理结构，如治理结构和高层管理团队任命对市场导向产生积极的影响。Lin & Germain（2003）则认为组织结构是影响战略导向的重要因素。其中，正规化显著地正向影响市场导向，分权化则对市场导向具有显著的负向影响。Zhou 等（2005）实证验证了组织团队文化能够促进企业市场导向和技术导向的发展，在中国经济转型期，高层管理者对企业战略选择产生重要的影响，高层管理者的态度转变显著地正向影响市场导向和技术导向。Selnes，Jaworski，& Kohli 指出市场导向的影响因素还包括政府的政策和国家文化因素，这些因素会影响到企业的市场导向水平。外部环境因素主要包括市场变化和竞争强度。例如，Kohli & Jaworski（1990）认为在稳定的市场环境中，几乎不需要调整营销组合，仅需要较低水平的市场导向，竞争强度越低，企业低水平的市场导向的负面影响就越小。

关于市场导向的结果变量，目前的研究重点探讨市场导向对组织创新的影响（Salavou，Baltas，& Lioukas，2004）。例如，Lado & Maydeu-Olivares（2001）以欧洲和美国的 213 家保险公司为调研对象，研究检验了市场导向显著地正向影响企业的创新程度和创新绩效。Han 等（1998）以 134 家银行为样本，结果发现顾客导向显著地影响企业的技术创新和管理创新，而竞争导向和跨部门协调并不能显著地影响企业的技术创新和管理创新。Lukas & Ferrell（2000）研究发现，顾客导向能够促进新产品的开发，减少模仿性产品的数量；竞争导向则刺激了模仿性产品的开发，减少了创新性产品的开发和产品线的延伸；跨部门协调促进了产品线的延伸，减少了模仿性产品的数量。还有研究探讨了市场导向对组织绩效的影响（Pelham & Wilson，1995；Kumar，2002）。例如，Pelham & Wilson（1995）验证了市场导向与管理者对产品质量的认知具有高度相关性，能够提高组织绩效。Kumar（2002）研究发现市场导向能够促进企业积极地探索新的市场机会，从而不断地修正其业务领域，市场导向对企业经营范围的拓展和市场效率的改善有着积极的影响。

互动导向是市场导向的延伸。与市场导向相比，互动导向更加注重顾客价值。市场导向主要关注顾客的需求，根据顾客的需求来提供有价值的产品或者服务，市场导向的出发点是将顾客作为企业活动的外生变量，顾客只是价值创造的接受者(Kohli & Jaworski，1990)。而互动导向主要表现在顾客参与到企业价值创造的全过程，将顾客看作是企业价值的共同创造者。互动导向重点强调顾客的参与和其价值创造，将与个体顾客的互动作为营销的基础，而市场导向主要强调顾客的作用，强调将细分市场作为营销活动的出发点，并没有考虑细分市场内部顾客之间的差异性。所以理解市场导向的概念和内涵对于研究互动导向具有重要的作用。

(2) 顾客参与。顾客参与的研究源于 20 世纪 70 年代，Lovelock & Young (1979)首先提出顾客参与的概念，并探讨了顾客参与对生产服务的影响，研究发现顾客参与能提高企业的生产率。在此之后，学者们开始关注顾客参与，梳理顾客参与的相关文献对于互动导向的研究具有重要的作用。

对于顾客参与的概念，研究者从不同的角度进行了界定。例如，Lovelock & Young (1979)从生产要素的角度来界定顾客参与，他们认为顾客可以被视为与劳动力和资本一样的生产要素，会直接影响到企业的生产效率。File 等(1992)则将顾客参与定义为购买者的实际投入程度，并能够传递这种行为的程度。Germak 等(1994)从顾客参与的精神层面和物质层面进行界定，指出顾客参与是指与服务相关的生产，并传递相关的精神和物质方面的具体行为，包括顾客努力和顾客投入程度。Prahalad & Ramaswamy (2000)认为顾客的角色已经从原来的听众或者接受者转变为产品和服务的共同创造者，企业和顾客的合作与互动成为企业获得竞争优势的重要方法。Groth(2005)从角色理论视角定义顾客参与，指出顾客在生产与传递服务过程中的行为可以划分为两类：顾客角色内行为和顾客角色外行为。其中，顾客角色内行为被称为顾客合作生产行为，是顾客在服务过程中所采取的行为，从而完成服务的生产和传递。

关于顾客参与的影响因素，目前研究重点关注经济利益、兴趣、风险、心理满足对顾客参与的影响 (Lioyd，2003)。例如，Bendapudi & Leone (2003)提出顾客的自我服务偏见会导致他们不同的参与程度，具有高度自我服务偏见的顾客可以通过参与行为来影响自身的满意度。还有研究发现组织社会化对顾客参与产生重要的影响，组织社会化程度越高，消费者越能清楚地了解组织的价值观和期望，并获得与其他顾客互动所需的知识和能力，进而增强了顾客参与的意愿(Claycomb et al.，2001)。Binter 等(1997)指出由于服务场景的不同，所需要的顾客参与的水平具有差异性，也就是说顾客参与的程度取决于企业所提供的产品和服务。

关于顾客参与的作用结果，现有研究重点关注顾客参与对企业创新能力、生产率和绩效的影响。例如，Fitzsimmons（1985）认为顾客参与对企业生产有着积极的影响，可以提高企业的生产效率，最终会提高企业绩效。顾客参与对企业新产品开发的绩效具有重要影响，因为在新产品开发的过程中，顾客参与其中可以为企业新产品开发提供更多的建议，从而满足顾客需求，最终会提高企业的新产品创新能力（韩飞，2012）。还有学者提出顾客参与对顾客满意度、重复购买以及感知质量产生影响，因此，顾客参与在服务管理中具有重要的作用（Cermak，File，& Prince，1994）。

顾客参与和互动导向都重点强调顾客的积极作用，两者之间具有紧密的联系，并注重顾客与企业互动的重要性。此外，研究还表明，对于服务型的企业而言，将顾客参与纳入服务生产过程中对于提升企业绩效具有重要意义，互动导向也能体现出这种思想，但互动导向与顾客参与具有一定的差异性：①研究层面不同，互动导向是企业所采用的一种战略导向，是从战略管理的角度研究企业与顾客的互动；顾客参与主要是从顾客的角度进行分析，主要考虑顾客的精力、体力等方面的投入行为。②理论基础具有差异性，互动导向的理论基础是共创价值理论，互动导向不仅强调顾客参与企业经营活动的全过程，而且还强调企业与顾客共同创造价值。顾客参与是基于共同生产视角，主要强调顾客参与，以及如何发挥顾客在企业生产中的作用。

（3）共创价值理论。共创价值理论的研究主要起源于 Vargo & Lusch（2004）所提出的服务主导逻辑的经典论文。他们指出企业所提供的服务或者产品，不仅仅是提供一种市场供应物，还是一种价值的创造活动。在体验经济时代的背景下，企业的营销不应该仅仅关注产品的功能和顾客的需求，还要重点关注企业与顾客的互动，并让顾客去体验和享受共创价值的过程（袁平，2010）。Prahalad & Ramaswamy（2000）认为企业仅仅提供核心产品已经不能很好地满足顾客的需求，只有通过企业与顾客的互动，才能提供独特的体验以便创造更多的价值。因此，共创价值理论引起学者们的关注。

通过梳理共创价值理论的相关文献可知，目前学者从共创价值过程和共创价值体系方面进行了探讨。在共创价值过程方面，Lusch & Vargo（2006）提出价值的创造过程是顾客在消费的过程中被创造出来的，是通过顾客使用来实现的，同时他们指出顾客参与在企业提供核心服务过程中的重要性。Pine & Gilmore（1998）则认为顾客所购买的价值不仅仅包括企业所提供的产品和服务，还应该包括其产品和服务的体验价值。在体验经济时代，顾客的角色发生了重大的变化，顾客可以获得更多信息，在购买的过程中掌握更多的主动权，企业与顾客的互动成为共创价值的重要基础。Prahalad & Ramaswamy（2002）指出共创价值的特征主要表现在以下几个方面：①互动的目的，在获取经济价值的同时，还要通过共创价值体验来实现共同创造价值；②企业与顾客的关系，强调通过企业与顾客的互动来共同创造价值体验以及交易的集合；③可供选择的项目，以互动为基础的共创价值体验，互动可以通过多种方式来实现；④质量关注点，顾客与企业的互动主要关注共创价值体验的质量。综上所述，共创价值理论主要是以顾客及其体验为核心的价值创造过程。

在共创价值体系方面，Prahalad 提出的基本假设是企业与顾客共同创造价值，而共同创造的体验成为价值的基础。在这个系统中，顾客与企业之间的互动成为共创价值的源泉，由于顾客需求的差异性，价值创造的过程必须适应顾客需求和顾客价值创造的要求。对于企业来讲，企业不仅要关注所供产品和服务的质量，还要关注顾客共同创造价值的体验，这些体验与企业和顾客互动的基础平台设施有较大关系。企业应该搭建良好的互动平台，使每一个顾客都能创造独特的价值（袁平，2010）。Prahalad & Ramaswamy（2002）认为共创价值体系是建立在对话、获取、风险评估和透明的基础上。对话是指企业与顾客双方的互动程度以及采取行动的倾向，也就意味着企业与顾客之间的平等沟通和知识分享。获取是指企业不仅关注价值创造在顾客之间的转移，还要关注顾客的价值体验。风险评估是指对顾客造成损失的可能性。透明是指企业可以利用信息不对称来获得收益。而当今企业和顾客之间信息的不对称正在消失，企业无法保证价格、成本及毛利润的不透明性，因为顾客可以从多个渠道获得相关信息，所以保持高水平的透明性成为企业与顾客互动的基础。

通过对共创价值理论文献的梳理，可以看出企业与顾客互动成为企业创造价值和获取价值的重要基础。在创造价值的基础上，加强企业与顾客的互动，使企业的营销理念和营销实践一致。因此，理解共创价值理论对于研究互动导向具有重要的作用。

2.6.2　互动导向的前因和作用结果

1. 互动导向的前因变量

Ramani & Kumar（2008）指出互动导向的影响因素主要包括以下几点：①对经理的评价和奖励体系，如果企业将顾客作为评价和奖励的标准程度越高，那么企业的互动导向程度也就越高；② 企业对专利和商标的依赖程度，如果企业对专利和商标的依赖程度越低，那么企业的互动导向程度就越高；③ 企业竞争压力,如果企业获取技术的压力越大,其互动导向的程度就越高;④ 企业的类型,与 B to C 型企业相比,B to B 型企业采用互动导向的程度会更高;⑤ 企业的外包能力,如果企业外包能力越强,其互动导向的程度会越高。Thalmann & Brettel(2012)指出组织文化、组织结构和领导风格是影响企业互动导向的重要因素。他们通过对 381 家企业的调研,实证检验了活泼文化(adhocracy culture)显著地正向影响企业的互动导向,科层文化则显著地阻碍企业的互动导向,组织结构的正规化显著地负向影响企业的互动导向,分权化的组织结构则显著地正向影响企业的互动导向,专业化则对组织的互动导向没有显著的影响。此外,研究还发现参与型领导和考虑型领导均能显著地正向影响企业的互动导向。

2. 互动导向的作用结果

互动导向的研究还处于探索阶段,目前研究重点探讨了互动导向对于组织绩效的作用机理,并深入研究了互动导向与组织绩效关系的直接影响、间接影响以及两者之间的调节效应。

(1)互动导向与组织绩效。

① 直接影响。互动导向对组织绩效的直接影响,目前研究主要基于 Ramani & Kumar(2008)提出的研究思路,他们认为具有互动导向的企业能够提高顾客满意度和归属感,有利于促进口碑的传播,提高了基于顾客的关系绩效。同时,他们还指出企业的互动导向可以帮助企业识别和获得有利可图的顾客,把无利可图的顾客转化为有利可图的顾客,最终提升了基于顾客的盈利绩效。在 Ramani & Kumar(2008)研究的基础上,国内学者们进行了探索性研究。例如,刘艳彬和袁平(2012)通过对服务行业样本的调研,实证检验互动导向可以提高企业以顾客为基础的关系绩效和以顾客为基础的盈利绩效。其中,以顾客为基础的关系绩效显著地正向影响以顾客为基础的盈利绩效。杜运周和张玉利(2012)以新企业为样本,研究互动导向与新企业绩效的关系,结果发现在信息技术背景下企业的互动导向显著地正向影响新企业绩效。

② 间接影响。互动导向对组织绩效的间接影响,目前学者们重点探讨组织合法性、顾客关系、创新方式和创新能力在两者之间的中介作用(杜运周、张玉利,2012;韩飞,2012;吴兆春、于洪彦、田阳,2013)。例如,杜运周和张玉利(2012)以新企业为研究对象,实证检验互动导向显著地正向影响组织合法性,而组织合法性在互动导向与新企业绩效之间具有部分中介作用。吴兆春、于洪彦、田阳(2013)认为互动导向所提倡的顾客授权可以激励现有顾客向潜在的顾客宣

传公司的产品或者服务,进而提高了公司的口碑,最终改善了企业与顾客的关系。他们还发现顾客关系在互动导向与组织绩效之间具有部分中介作用。吴兆春、于洪彦、田阳(2013)探索互动导向与公司绩效的关系,通过对珠三角地区的企业进行调研,结果发现互动导向显著地正向影响探索性创新和拓展性创新。拓展性创新在互动导向与公司绩效之间具有中介作用,但探索性创新在互动导向与公司绩效之间不具有中介作用。韩飞(2012)研究了互动导向对于企业新产品绩效的影响,研究发现互动导向显著地正向影响企业的新产品创新能力和新产品推广方案创新能力,最终会影响新产品绩效。Chen 等(2012)探讨了互动导向与组织绩效的关系,以台湾地区电子行业公司为样本,研究揭示了互动导向能够显著地正向影响组织的双元能力,组织的双元能力显著地正向影响企业的产品创新和产品开发速度,探索能力和应用能力对于公司财务绩效和以顾客为基础的绩效具有显著的影响。

③ 调节效应。关于互动导向与组织绩效关系的调节效应,目前研究关注了市场环境、战略类型在互动导向与组织绩效之间的调节效应(Ramani & Kumar,2008;袁平,2010;韩飞,2012)。例如,Ramani & Kumar(2008)研究了互动导向对于组织绩效的影响,验证了竞争强度正向调节互动导向与组织绩效的关系。在此基础上,刘艳彬和袁平(2012)研究了互动导向与组织绩效的关系,并探讨市场环境和战略类型的作用,结果发现竞争强度正向调节互动导向与企业盈利绩效之间的关系,市场动荡和技术波动性在互动导向与企业绩效之间不具有调节作用。研究发现,对于“前瞻者”“分析者”“应对者”而言,互动导向对企业盈利绩效的影响具有显著的差异性,采用“前瞻者”“分析者”战略类型的组织可以获得更好的组织绩效,而采用“应对者”战略的组织的绩效相对较差(刘艳彬、袁平,2012)。韩飞(2012)探讨了互动导向对组织绩效的影响,研究结果表明市场波动会动态调节互动导向与组织绩效的关系,但竞争强度和技术波动不能调节互动导向与组织绩效的关系。

(2) 互动导向与组织创造力/创新。互动导向对组织创造力/创新的影响研究还处于探索阶段。学者们重点探讨互动导向对创新方式、创新能力、创新绩效的影响(吴兆春、于洪彦、田阳,2013;韩飞,2012)。例如,吴兆春、于洪彦、田阳(2013)以珠三角地区的企业为样本,研究结果发现互动导向能够显著地正向影响企业的探索性创新和拓展性创新。韩飞(2012)通过对 263 家企业的调研,实证检验互动导向积极地影响企业的新产品创新能力和新产品推广方案创新能力,即企业的互动程度越高,其新产品创新能力和新产品推广方案创新能力也就越高。这是因为采取互动导向的企业能够开发出满足顾客需求的新产品和新技术。陈昊雯等(2011)提出了一个基于顾客创新绩效的研究模型，该模型探讨互动导向影响基于顾客的创新绩效，而顾客需求的波动性和战略集中度能调节两者之间的关系，但没有进行实证检验。由此可见，目前研究重点探讨互动导向对于组织创新的影响，尚未有学者研究互动导向对于组织创造力的影响。

2.7 组织集体主义

2.7.1 组织集体主义概念和内涵

随着世界经济一体化的发展，企业拥有越来越多的不同文化背景的员工，而这些文化的差异性影响到员工创造力的发挥和工作绩效，最终会影响企业的发展。因此，组织文化受到众多研究者的关注，其中最具有影响力的是 Hofstede (1980)所提出的文化价值观的分析框架，他认为国家文化分为四个维度：集体主义/个人主义、权力距离、男性/女性化和不确定性规避。这一文化价值观框架的提出，对理论界产生了深远的影响。在这四个维度中，目前研究重点关注集体主义/个人主义(Robert & Wasti，2002；Goncalo & Staw，2006)。

早期研究将集体主义与个人主义理解为相反的维度，即社会文化不是个人主义就是集体主义(Hofstede，1980)。Hofstede (1980)将集体主义界定为"以一种紧密的社会结构为特征，其中团队中的个体行为是通过内部交换来实现对团体的忠诚度，并希望能够获得团体的保护"。在强调集体主义倾向的社会里，组织特别强调人对群体的依赖，人与人之间的和谐、共同的利益，以及个体对群体的归属、服从和协调(宝贡敏，2009)。

随着研究的不断深入，集体主义与个人主义是一个维度的观点受到了质疑。众多学者认为集体主义与个人主义同时存在于不同的文化背景中。Bhawuk & Brislin 指出个人主义与集体主义不是两级结构，是相互独立的或者可分离的变量。Triandis 更加详细地辨析了集体主义与个人主义的区别和联系：①集体主义者会将他们自身视为集体的一部分，而个人主义者只关注从集体中获得个人利益。②集体主义者的个人目标与集体利益具有一致性，当两者出现冲突时，他们选择集体利益；而个人主义者的目标可能与集体利益具有一致性，但当二者出现冲突时，个人主义者会选择个人利益。③从指导行为上来讲，个人态度决定其行为，集体主义者则是由集体规范来指导他们的行为。④从维持关系上来讲，集体主义者为了维系关系甚至不惜牺牲个人利益,而对于个人主义者而言,当维系关系的成本大于所得利益时,这种关系就会终止。

近年来,学者开始把集体主义的研究拓展到组织层面,并提出组织集体主义的概念。Robert & Wasti(2002)对组织集体主义的概念进行了界定,并指出组织集体主义与个人主义是相互独立的或者可分离的概念,将组织集体主义界定为组织强调员工之间的相互依赖和合作,以及组织内部的和谐与依附感,并能够实现集体目标的一种文化价值观(Robert & Wasti,2002;Goncalo & Staw,2006)。根据以上学者的界定,本书认为组织集体主义重点强调组织对员工的关心与支持,共同分担风险与共享成果,以及告诉员工关于影响公司发展的主要决策。

2.7.2　组织集体主义维度和测量

对于集体主义的测量,目前较多的研究关注个体层面、群体层面以及国家层面的集体主义,而对于组织层面的测量研究还相对较少。

早期学者认为集体主义与个人主义是一个维度的两个端点,非此即彼,并进行了相应量表的开发(Hofstede,1980)。个体层面的集体主义测量相对较多,测量量表分为单维度和多维度。在单维度方面,如 Hofstede(1980)对个体层面集体主义进行研究并开发相应的量表。Earley(1993)开发单维度的集体主义量表,共设计了 10 个条目,具有良好的信度。Yoo & Donthu(2002)在 Hofstede(1980)的基础上开发个体层面的集体主义量表,共设计了 6 个测量条目。还有研究从多维度测量集体主义,如 Ramamoorthy 等(2007)开发了集体主义 4 个维度的量表,其中包括:自力更生、单独工作偏好、竞争性和至高无上的个人目标,共设计 14 个条目。Wagner(1995)开发了集体主义的 5 个维度的量表,共设计 20 个条目。

随着研究的不断深入,众多研究者认为集体主义与个人主义并不是一个维度的两端,而是相互独立的或者可分离的概念(Robert & Wasti,2002;Van Hooft & De Jong,2009)。于是学者分别开发集体主义与个人主义的量表。例如,Van Hooft & De Jong(2009)认为集体主义与个人主义是不同的构念,并分别开发了量表,其中集体主义量表包括 7 个条目,个人主义量表包括 7 个条目。Triandis 开发了集体主义和个人主义的测量工具,把集体主义分为垂直集体主义、水平集体主义、垂直个人主义、水平个人主义 4 个维度,共设计 32 个题目。

近年来,有研究开始探讨群体和组织层面的集体主义(Goncalo & Staw,

2006;Robert & Wasti,2002)。关于群体层面集体主义的测量,如 Goncalo & Staw (2006)通过描述的方法来研究群体的集体主义,然后进行编码,并通过打分的形式进行测量。其中,集体主义的量表包括:①写出三句话描述你所属的群体;②写出三句关于你为什么非常像大多数人;③写出三句关于你为什么有优势能够融入群体中去。关于组织层面集体主义的测量,仅有 Robert & Wasti (2002)进行了探索性研究。他们认为集体主义与个人主义是相互独立的或者可分离的构念,并在此基础上进行量表开发。其中,集体主义量表包括:"管理者和主管会厚爱忠诚的员工","员工在公司受到家人一般的关怀","员工共同分担失败的责任和共享成果","一旦员工被聘用,公司则会为其提供整体福利"等,共计7 个条目。该量表得到学者们的认可。

2.7.3 组织集体主义的相关研究

目前研究重点探讨了个体层面的集体主义,而对于群体和组织层面的集体主义研究相对较少。在研究方式上主要包括两种形式:①将集体主义作为自变量来研究对结果变量的主效应;②将集体主义作为调节变量,研究其调节效应。

在个体层面,目前研究重点关注集体主义对冲突管理、决策制定、领导风格、组织公民行为、工作相关的态度、合作和知识共享的影响(Kirkman et al.,2006)。

一方面,将集体主义作为自变量探讨对结果变量的主效应。例如,Ramamoorthy 等(2007)通过对比研究印度和爱尔兰公司高新技术部门员工的集体主义倾向对员工的留职意向和甘愿努力工作的影响,结果发现印度员工比爱尔兰的员工表现出更高的努力工作意愿、情感认同和规范认同。Jackson 等(2006)以美国计算机公司的员工为样本,实证检验集体主义积极影响员工工作绩效和组织公民行为,而与反生产行为、退缩行为显著负相关。Van Dyne 等人(2000)的研究表明,集体主义可以通过以组织为基础的自尊积极地影响组织公民行为。还有研究探讨集体主义对企业创造力和创新能力的影响(Erez & Nouri,2010)。例如,Erez & Nouri (2010)探讨文化、社会情景与企业创造力的关系,研究检验了集体主义能够影响新颖的和有用的想法的产生。

另一方面,将集体主义作为调节变量进行探索性研究。例如,Van Hooft & De Jong (2009)以计划行为理论为基础,在考虑集体主义的影响下,探讨工作搜寻态度对员工求职意向的影响,研究结果发现集体主义负向调节工作搜寻态度与求职意向的关系。王震、孙健敏和张瑞娟(2012)探讨管理者的核心自我评价对下属组织公民行为的影响,研究表明管理者的核心自我评价会通过道德式领导影响组织公民行为,集体主义导向正向调节道德式领导与组织公民行为的关系。

同样在群体和组织层面,学者们将集体主义作为自变量和调节变量进行探索性研究。在团队层面,目前研究聚焦在团队合作、团队冲突、团队创造力等方面(Kirkman et al.,2006)。例如,Clugston,Howell,& Dorfman 通过对美国公共机构员工的调研,结果发现集体主义显著地正向影响团队的情感承诺、持续承诺和规范承诺。Oetzel(1998)通过对比欧洲—美国的团队和日本—美国的团队,研究发现个人主义导向的欧洲—美国团队与集体主义导向的日本—美国团队相比,前者有较多冲突,更多抛采用竞争策略而非合作策略。Pillai & Meindl(1998)以 101 个工作团队为研究样本,结果发现集体主义显著地正向影响魅力型领导的作用。Eby & Dobbins(1997)实证检验了团队集体主义导向显著地正向影响团队合作,团队合作在团队集体主义导向与团队绩效之间具有中介作用。

在组织层面,对于组织集体主义的研究还较少,仅有 Robert & Wasti(2002)进行探索性研究。他们指出组织集体主义和个人主义是相互独立的或者可分离的构念,并开发了组织集体主义的量表,通过对 46 家企业的 916 位员工进行调研,结果发现感知到的组织集体主义对员工的工作态度产生积极的影响(Robert & Wasti,2002)。杨建君、杨慧军、马婷(2013)以 173 家制造业和高新技术企业为样本,探索集体主义对技术创新方式的影响,研究检验了集体主义显著地正向影响突变创新,信任度在集体主义与突变创新之间具有调节作用,集体主义与情感型信任的结合可以更好地促进突变创新。

2.8　以往研究评述及本研究方向

2.8.1　以往研究评述

1. 高参与工作系统

自 20 世纪 80 年代以来,随着技术的不断进步,人力资源管理实践成为推动企业发展和获得竞争优势的关键。面对动态的外部环境和激烈的市场竞争,管理者和学者们开始关注企业的高参与工作系统。

通过对高参与工作系统相关文献的梳理发现:首先,高参与工作系统是一个多维度的概念,目前学者从工作实践和雇佣实践(Boxall & Macky,2009),员工能力、员工激励和员工参与决策,人力资源流(HR flow)、工作设计、奖励系统和员工影响力(Chen et al.,2005),权利、信息、薪酬和知识构成(Zatzick & Iverson,2011)等多个方面进行测量。由此可见,学者们对于高参与工作系统维度的构成还没有达成共识。另外,在中国经济快速发展和转型的过程中,随着人口红利的消失,企业面临用工短缺和用工成本的提高,在这种背景下,高参与工作系统维度构成能否充分反映其内涵,其测量量表是否适用于中国本土化的研究,对此需要进行深入的探讨。其次,已有一定的研究探讨高参与工作系统对组织绩效的影响。目前研究主要集中在智力资本、社会资本和吸收能力等因素对高参与工作系统和组织绩效之间的关系所起到作用。高参与工作系统能够促进组织的人力资源柔性和知识整合能力,进而会对组织绩效产生影响。但目前尚无学者从人力资源柔性和知识整合能力视角探讨高参与工作系统对组织绩效的内在作用机理。最后,近期研究开始探讨战略人力资源管理实践对组织创造力的影响,不同类型的人力资源管理实践对组织创造力产生的影响具有差异性。高参与工作系统作为一种重要的战略人力资源管理实践类型,对于组织创造力产生重要影响,但目前尚未有研究探讨高参与工作系统对组织创造力的作用机理。

通过梳理高参与工作系统的相关研究发现,高参与工作系统对组织创造力的影响还处于探索阶段,实证研究更是缺乏,其内在的作用机制,目前尚未有学者进行系统研究。尽管已有研究从智力资本、社会资本等视角探讨了高参与工作系统对组织绩效的影响,但目前尚未有研究从人力资源柔性和知识整合能力视角探讨高参与工作系统对组织绩效的作用机理。

2. 组织创造力

虽然创造力研究领域自20世纪七八十年代开始迅速发展,至今已经积累了丰富的研究成果,已有研究重点探讨个体层面和团队层面的创造力,组织创造力研究直到近年来才刚刚起步,相关研究仍较为匮乏。综合现有的关于组织创造力概念内涵的研究观点发现,多数研究将其视为组织层面的一个整体现象而非多层次现象。本研究也采纳这一观点,将组织创造力视为组织整体的能力,并将其界定为组织致力于产生有关产品、服务、程序或工艺的有用的新想法的能力。

通过对组织创造力的概念、测量、影响因素进行系统的梳理,本研究发现:①以往研究从多层次视角探讨组织创造力,目前创造力的研究主要集中在个体和团队层面,并取得丰富的研究成果。②对于组织创造力概念,多数研究将其视为组织层面的一个整体现象而非多层次现象。除了深入地探讨组织创造力的概念内涵之外,还有学者将战略管理和知识管理理论相结合,探讨组织战略等制度因素对组织创造力的作用机理。组织文化是影响组织创造力的重要因素,组织文化与组织制度具有互补性的作用,在影响组织创造力方面扮演着重要的角色。从目前的研究现状来看,已有研究分别从战略导向(耿紫珍等,2012)、人力资源管理实践(刘新梅、王文隆,2013)的角度探讨其对于组织创造力的影响,少有学者从人力资源管理实践与战略、人力资源管理实践与文化交互作用方面系统地探讨其对于组织创造力的影响。因此,后续研究应该从组织制度与组织文化互补性方面,验证关于组织创造力形成机理的理论推断,更加全面、系统地挖掘人力资源管理实践、战略、文化方面的组织特征对组织创造力的内在作用机理。

3. 人力资源柔性

本书通过对人力资源柔性相关文献的梳理和归纳发现:①关于人力资源柔性概念的内涵,学者认为人力资源柔性是一种能够适应内外部环境变化的能力。人力资源柔性是由职能柔性、技能柔性和行为柔性三个方面构成。②对于人力资源柔性的影响因素研究,目前学者们重点关注外部环境和人力资源管理实践对人力资源柔性的影响,并深入探讨了高绩效工作系统、高承诺工作系统对人力资源柔性的影响。高参与工作系统作为一种重要的战略人力资源管理实践类型,尚未有研究探讨高参与工作系统对人力资源柔性的影响。而对于人力资源柔性的作用结果,目前研究聚焦在人力资源柔性对组织绩效的影响,少有研究探讨人力资源柔性对组织创新的影响,少有实证研究探索人力资源柔性对组织创造力的影响。因此,后续研究需要从人力资源柔性视角探讨影响组织创造力及绩效的作用机制。

4. 知识整合能力

知识整合能力作为知识管理的重要环节,对于企业获得竞争优势具有重要的作用。通过梳理知识整合能力的相关研究文献发现:①已有研究对知识整合能力的概念内涵进行了深入的探讨。知识整合能力是一个多维度的概念,是由知识的系统化、社会化和合作化三个维度构成的,其维度构成得到了学者们的认可。②对于知识整合能力的影响因素,众多研究验证了市场导向、资源互补、信息共享、关系强度、关系资本、社会氛围、知识网络嵌入是影响企业知识整合能力的重要因素。人力资源管理实践能够促进组织整合内外部资源,从而提升了组织的知识整合能力。高参与工作系统作为一种重要的人力资源管理实践类型,对于整合组织内外部资源具有重要作用,但尚未有研究探讨高参与工作系统对企业知识整合能力的影响。在知识整合能力的作用结果方面,已有研究深入探讨了企业知识整合能力对组织绩效、创新绩效、整合效率的影响，并取得了丰富的研究成果。但少有研究探讨知识整合能力对组织创造力的影响。因此，后续研究需要从知识整合能力视角探讨高参与工作系统对组织创造力及绩效的作用机制。

5. 互动导向

近年来，互动导向受到研究者的广泛关注。互动导向是在市场导向、顾客参与和共创价值理论基础上发展起来的一种重要的战略导向类型。互动导向主要关注企业与顾客的互动，以及企业和顾客共同创造价值。它能够促进企业从外部获取信息、知识和技术等资源，这些资源对企业创新和绩效产生重要的影响。

通过对已有文献的回顾，目前对于互动导向的研究还处于探索阶段。互动导向是由 Ramani & Kumar (2008)最早提出的概念。他们认为互动导向是由顾客概念、互动反应能力、顾客授权和顾客价值管理四个方面构成，并开发了互动导向的量表。该量表得到了学者们的认可，为后续研究奠定了坚实的基础。

对于互动导向的相关变量研究，已有少数学者探讨了组织合法性、顾客关系、创新方式在互动导向与组织绩效之间的中介作用，以及市场环境、战略类型在两者之间的调节作用。通过梳理已有研究文献可知，互动导向的研究还处于探索阶段，少有学者探讨互动导向与人力资源管理实践的互动对组织创造力及绩效的影响。互动导向作为一种重要的战略导向类型，能够促进企业从外部获取资源，而企业的人力资源管理实践能够有效地整合这些资源，进而影响组织创造力及绩效。高参与工作系统作为一种重要的人力资源管理实践类型，能够促进组织整合从外部获取的资源，进而影响组织创造力及绩效。由此可见，高参与工作系统与互动导向的互动对提升组织创造力及绩效具有重要的作用。但目前尚未有研究深入探讨高参与工作系统与互动导向的互动对组织创造力及绩效的作用机制。

6. 组织集体主义

组织文化理论自 20 世纪 70 年代开始受到学术界的关注，发展至今，已经积累了丰富的理论基础，并逐渐从以定性研究为主扩展到定性研究和定量研究并行发展。本研究所界定的组织集体主义是指组织强调员工之间的相互依赖和合作，以及组织内部的和谐和依附感，并能够实现集体目标的一种文化价值观（Robert & Wasti，2002；Goncalo & Staw，2006）。

通过对组织集体主义文献的回顾，目前研究采用两种形式探讨集体主义。一方面，将集体主义作为自变量研究其结果变量的主效应；另一方面，将集体主义作为调节变量研究其调节效应。在个体层面,集体主义对其作用结果的研究,以及作为调节变量的研究已经非常丰富。在团队层面,少数研究探讨集体主义对团队合作、团队冲突、团队创造力的影响。在组织层面,集体主义的研究还处于探索阶段,仅有少数学者研究组织集体主义对于创新方式的主效应,而组织集体主义调节效应的研究还比较缺乏。

组织集体主义能促进员工之间的合作,这样就会形成积极的交换氛围,在这种情景下,高参与工作系统能够促进员工的积极性和参与性,进而提升组织创造力及绩效。由此可见,高参与工作系统与组织集体主义的互动对于组织创造力及绩效具有重要作用,但目前尚未有学者探讨两者的互动对于组织创造力及绩效的作用机理。

2.8.2　本研究的方向

通过对以上与本研究密切相关的高参与工作系统、组织创造力、组织绩效、人力资源柔性、知识整合能力、互动导向和组织集体主义等核心概念和相关研究的回顾,对目前的研究现状可以做如下小结:①已有不少研究探讨了高参与工作系统的维度构成。目前学者从工作实践、雇佣实践(Boxall & Macky,2009)、人力资源流(HR flow)、工作设计、奖励系统和员工影响力(Chen et al.,2005),权利、信息、薪酬和知识构成(Zatzick & Iverson,2011)等方面测量高参与工作系统。由此可见,高参与工作系统是一个多维度的概念,但对其维度构成学者们还没有达成共识。另外,考虑到在中国经济快速发展和转型的过程中,随着人口红利的消失,企业出现用工短缺和用工成本的提高,在这种背景下,为使高参与工作系统量表更适用于本土化的研究,本研究需要对高参与工作系统量表进行修订和验证。以往关于组织创造力形成机制的研究主要集中战略导向、组织文化等方面。近期研究开始关注战略人力资源管理实践对组织创造力的影响。高参与工作系统作为一种重要的人力资源管理实践类型,目前尚未有研究探讨高参与工作系统对组织创造力的影响。②高参与工作系统对于组织创造力的作用机理研究还处于探索阶段。通过文献梳理发现,目前研究重点关注战略导向对组织创造力的影响,少有研究从组织学习角度探讨承诺型和控制型人力资源管理实践对组织创造力的影响,也少有研究从人力资源柔性视角来探讨高参与工作系统对组织创造力及绩效的作用机理。③组织制度是影响组织创造力的重要因素,战略导向作为组织制度因素的一个重要方面,对组织创造力产生积极的影响。在复杂的外部环境下,战略导向能够促进组织从外部获取知识和资源,这些资源是提升组织创造力的基础和条件。组织从外部获取的知识必须通过人力资源管理实践才能转化为企业内部的知识,进而提升组织创造力。互动导向作为一种重要的战略导向类型,能够促进企业从外部获取资源,这些资源的整合离不开企业的人力资源管理实践。高参与工作系统作为一种重要的人力资源管理实践类型,对于整合企业从外部获取的资源具有重要的作用,进而影响组织创造力及绩效。由此可见,高参与工作系统与互动导向的交互能够对组织创造力及绩效产生影响,但目前尚未有研究探讨高参与工作系统与互动导向的互动对组织创造力及绩效的作用机理。

通过对现有文献的梳理和归纳,本研究的主要努力方向为:

(1)借鉴国外已有研究,检验和修订高参与工作系统量表,以适应中国当前社会的需要。然后在修订该量表的基础上,探讨高参与工作系统对组织创造力及绩效的影响,并分析组织创造力的中介作用。这样为探索高参与工作系统对组织创造力及绩效的作用机理奠定基础。

(2)从人力资源柔性视角来探讨高参与工作系统对组织创造力及绩效的作用机制。在外部动态的环境下,组织为了适应内外环境的变化,需要较强的人力资源柔性。高参与工作系统通过一系列的人力资源管理实践影响组织的人力资源柔性,最终会影响组织创造力及绩效。组织集体主义能够影响员工在参与过程中的态度和行为,在较强的组织集体主义倾向下,高参与工作系统与组织集体主义的互动能够提升组织的人力资源柔性,进而会对组织创造力及绩效产生重要的作用。因此,本书的研究重点之一是从人力资源柔性视角探讨高参与工作系统对组织创造力及绩效的作用机理。

(3)从知识整合能力视角探讨高参与工作系统对组织创造力及绩效的作用机制。战略导向能够促进组织从外部获得知识、信息和技术。互动导向作为一种重要的战略导向类型,能使企业从外部获取资源,获取的这些资源必须在企业内部进行有效的整合,才能成为提升组织创造力的基础。企业获得外部资源必须通过人力资源管理实践的配置才能转化为组织内部的知识和能力,才能提升组织创造力和组织绩效。因此,本书重点关注的问题之一是从知识整合能力视角研究高参与工作系统对组织创造力及绩效的作用机理。

第 3 章

高参与工作系统量表的修订与预测试

3.1 研究目的

　　人力资源是企业最宝贵的资源,提高人力资源管理效能,促使员工充分地参与到企业的管理实践活动中,并激发员工的工作热情,最终会提升组织绩效(邓远、欧胜彬,2014)。高参与工作系统正是在这种背景下,受到学者们越来越多的关注。高参与工作系统强调了知识、信息、决策权和薪酬向一线员工转移,能促进员工参与到企业的管理实践当中(程德俊、赵曙明,2006)。但关于企业采用哪种人力资管理实践政策促进员工的参与,即高参与工作系统的维度构成学界还没有达成共识(程德俊、赵曙明,2006)。

　　高参与工作系统是战略人力资源管理的重要组成部分(Mcmahan,Bell,& Virick,1998)。学者们一致认为高参与工作系统是一个多维度的构念。Paré & Tremblay(2007)在 Lawler(1986)研究的基础上提出高参与工作系统的五维度量表。该量表成为测量高参与工作系统这一构念的重要工具。此量表是由认可实践、授权实践、能力发展实践、公平薪酬实践和信息共享实践五个方面构成。由于该量表是国外学者开发的,不完全适合中国背景下的研究,因此,本研究需要考察上述量表检测内容的适用程度,并根据研究的需要对不适用的内容进行修改,如删除不合适的检测指标(陈晓萍、徐淑英、樊景立,2008)。因此,本章需要对高参与工作系统的量表进行探讨,从而获得一份高质量的高参与工作系统量表,为进一步研究高参与工作系统对组织创造力及绩效的作用机理奠定基础。

　　本研究在分析高参与工作系统的内涵结构及维度的基础上,结合高参与工作系统的具体指标分析,通过对 7 家企业的 15 位中高层管理人员进行访谈,归纳和概括所涉及的高参与工作系统的内容，并修订了高参与工作系统的量表，并运用问卷调查的方法检验了该量表的信度和效度。

3.2 高参与工作系统内涵和维度分析

3.2.1 高参与工作系统的内涵

高参与工作系统是一系列人力资源管理实践政策的组合，采用这些实践政策的目的在于提升员工的能力和内在动机，以便激励员工参与到组织的管理实践活动中，最终能够提升组织创新能力及绩效（O'Neill et al.，2011）。众多学者对高参与工作系统的内涵进行了探讨。目前已有研究发现，高参与工作系统是一个多维度的概念（Guerrero & Barraud-Didier，2004；Paré & Tremblay，2007）。如 Batt（2002）指出高参与工作系统的内涵主要包括三个方面的内容：①员工拥有相关的知识和技能；②在工作设计中，员工有权利和机会使用这些技能；③组织对员工进行激励，以便提升员工的内在动机和认同感。在此之后，Behery（2011）认为高参与工作系统的内涵结构主要包括四个方面：①在工作中，员工有权利进行决策；②员工拥有关于过程、质量、顾客反馈、公司绩效等方面的信息；③根据公司绩效、个人能力的发展和个人贡献安排员工薪酬；④员工拥有工作相关的知识。从以上的研究可以看出，高参与工作系统的内涵特征主要包括四个方面：员工有权利进行决策，员工能够获得公司的信息，员工拥有知识和技能，以及公司给予员工公平的薪酬。

随着研究的不断深入，Paré & Tremblay（2007）拓展了高参与工作系统的内涵结构，并指出高参与工作系统是一系列人力资源管理实践的组合。这些实践政策包括认可实践、授权实践、能力发展实践、公平薪酬实践和信息共享实践。其中，认可实践是指公司认可员工的工作，并接受员工的建言行为，以及给予员工非物质的奖励（Paré & Tremblay，2007）；授权实践是指员工有权利自由地决定与工作相关的活动；能力发展实践是指公司通过培训等多种方式提升员工的知识和技能（Yang，2012）；公平薪酬实践是指公司会公平地对待员工的工作结果，包括绩效评估、补偿等内容（Paré & Tremblay，2007）；信息共享实践主要反映组织内部信息的共享程度（Paré & Tremblay，2007）。这一内涵结构的提出，得到了学者们的认可，使其成为后续研究的重要基础（Yang，2012）。

3.2.2 高参与工作系统的维度分析

高参与工作系统是一个多维度的构念。Paré & Tremblay（2007）所开发的高参与工作系统量表是测量高参与工作系统这一构念的重要工具,但其维度测量指标是否适合中国的应用场景,是否能准确地测量这一概念,需要进一步考察。因此,本研究需要对高参与工作系统五个维度的具体测量指标进行分析,以便发现测量的指标中是否有不属于该量表范畴的条目。

在认可实践方面,成就动机理论者指出,对员工的认可是影响员工行为的重要因素。当员工高质量地完成工作任务时,大部分专业技术人员需要得到管理者的认可,这样能使员工感知到自己是组织的一部分(Agarwal et al.,1999)。在这里,认可实践主要包括认可员工的建议,以及组织对员工高质量完成工作任务和获得成就时的赞赏。在认可员工建议方面,"员工的建议被认真纳入考虑中","在我部门,员工的建议会定期得到跟进";在高质量地完成工作任务方面,"当员工工作质量高时,他的同事会不断表现出赞赏","在我部门,主管会以多种方式认可员工的工作努力","在我部门,员工会从主管那里获得书面认可(比如内部通知)","在我部门,主管会定期地犒赏员工付出的努力"。这六条测量条目,分别从认可员工建议、员工完成工作任务的质量和工作努力方面进行测量。

在授权实践方面,员工要想参与到组织的管理实践活动中,企业需要给员工充分的授权,这样才能使员工灵活地进行决策。当组织给予员工充分的授权时,员工会感知到组织的支持,这样会增强员工对组织的信任感,进而增强员工的参与性(Eby et al.,1999)。授权实践测量条目,如"员工拥有很大的自由空间来完成其工作安排(比如工作日程)","在我部门,员工在项目管理中拥有很大的自主权","在我部门,员工可以自由地选择完成其工作的方法",这三个条目是从工作安排、自主权和完成工作任务的方法上面给予员工授权。

在能力发展实践方面,能力发展实践主要是指企业运用培训等方法提升员工的知识和技能,并对员工进行长期的投资。能力发展实践测量指标,"员工可以提高自身技能以便获得更多晋升机会",此条目是从员工晋升的角度进行分析;"员工可以通过轮岗来提高技能",该条目是从轮岗方面进行分析;"公司给员工提供若干专业性的拓展活动(比如辅导、训练)来增加他们的技能和知识","管理者鼓励员工学习专业技术课和专业认证等课程",这两条测量条目是从培训方面来进行测量。"我能够在工作中应用新技能","管理者鼓励员工在日常工作中应用新能力和新技能",这两个条目是从管理者对员工使用新技能的重视程度方面进行测量。

在公平薪酬实践方面，公平薪酬实践是指员工感知到组织公平地对待其工作产出。其中包括补偿标准、绩效评估和工作安排。公平薪酬实践测量指标，"公司给予我的薪酬是公平的"，"与其他相似的工作岗位的薪资相比，公司给予我的薪水是公平的"，这两个条目主要反映了公司给予员工公平的薪酬；"在我部门，主管会公平地分配任务"，这一条目主要反映工作安排的公平性；"在我部门，员工会认为他们的薪资水平充分反映其在组织中所承担的责任级别"，"近两年内我所获得的加薪或奖金能充分反映我最近的绩效评价"，这两个条目主要反映了补偿标准。

在信息共享实践方面，信息共享实践使员工了解组织的目标和价值观，增强员工的信任感，使个体感知到自身对组织的重要性。信息共享实践主要包括了公司财务绩效、战略目标和运营绩效等方面信息。信息共享实践的测量指标，"公司的未来项目会定期向员工通报（比如大型投资、并购、新技术）"，"公司财务结果会定期向员工通报"，"公司部门的绩效会定期向员工通报"，"技术发展趋势会定期向员工通报"，"管理者会定期向员工通报顾客对公司所提供的产品或服务的满意度"，"在公司里，员工会定期收到关于其绩效评价标准的通报"，"公司新产品或服务会定期向员工通报"，这七个条目是从公司绩效、财务结果、部门绩效、技术发展趋势、服务满意度和绩效评估标准等方面进行评价，以上分享的都是关于公司发展方面的信息。另外两个条目，"公司会认真考虑员工所提出的关于提高公司效率的方法"，"在公司里，员工的建议会被采纳"，是从公司对员工建议的重视程度方面进行测量，与认可实践的测量题目"员工的建议被认真考虑中"，"在我部门，员工的建议会定期得到跟进"，具有一定的重合。因此，这两个条目是否属于信息共享实践的范畴需要进一步验证。

根据以上对高参与工作系统各维度的分析，可以发现有些测量条目是否属于测量指标的范畴需要进一步确认。因此，本书需要采用理论和实践相结合的方式探讨高参与工作系统量表的测量指标，以便发现量表需要增加或者删除的条目。

3.3　条目形成

3.3.1　深入访谈

在量表的修订过程中，为了准确地把握高参与工作系统的测量指标，本研究通过以下标准筛选访谈的样本企业。首先,资源的可获取性是进行企业访谈的重要基础。本研究根据可获取资源的便捷性,选择合适的企业进行访谈。其次,为确保访谈企业的代表性,本研究所选取的企业具有一定的行业分散性,涵盖了服务业和制造业。最后,企业要重视参与性的人力资源管理实践。在这三个标准下,本研究先后对 7 家企业的 15 位中高层管理者进行实地访谈,听取这些企业的中高层管理者对自己企业的参与性人力资源管理实践的描述。通过比对深入访谈的原始语句与原始条目,以便发现该量表需要增加或者删减的条目。

在研究的过程中,研究者选取行业内较为成功的企业中高层管理者为访谈对象。其中共有 15 位中高层管理者接受访谈。被访谈的 15 位中高层管理者中,有 12 位为男性,有 3 位为女性;4 人拥有硕士学历,11 人拥有本科学历;工作年限为 5~20 年不等;有 6 人在国有企业工作,9 人在民营企业工作。15 位被访者个人基本信息如表 3-1 所示。

表 3-1　深度访谈样本基本信息(共计 15 人)

重点访谈企业	被访谈人	性别	工作年限	访谈时间
上海商派网络科技有限公司	总经理助理	男	10 年	120 分钟
上海商派网络科技有限公司	人力资源部经理	女	5 年	120 分钟
上海商派网络科技有限公司	人才事业部经理	男	6 年	60 分钟
中国质量认证中心(上海)	总经理	男	15 年	120 分钟
中国质量认证中心(上海)	部门经理	男	10 年	90 分钟
中海油轮运输有限公司	人力资源总监	男	20 年	180 分钟
中海油轮运输有限公司	部门经理	男	15 年	90 分钟
中海油轮运输有限公司	技术经理	男	12 年	90 分钟
上海卓典食品香料有限公司	总经理	男	15 年	120 分钟
上海卓典食品香料有限公司	营销总监	男	10 年	60 分钟
上海卓典食品香料有限公司	研发总监	男	8 年	60 分钟
上海卓典食品香料有限公司	总经理助理	女	5 年	120 分钟
通联支付网络服务有限公司	技术经理	男	7 年	60 分钟
绿城房地产集团有限公司	总经理助理	男	16 年	60 分钟
天地科技股份有限公司	人力资源总监	女	18 年	60 分钟

基于 Paré & Tremblay (2007)所提出的高参与工作系统的五个测量维度,

本研究设计了针对这7家企业的中高层管理者访谈的提纲，如表3-2所示。这些问题主要围绕着高参与工作系统五个维度的具体指标展开，以便发现这些测量指标是否符合企业的实践。在访谈提纲设计的过程中，研究者尽可能减少学术语言，使中高层管理者能清晰地理解所要访谈的问题。

表 3-2 深度访谈提纲

维度	关键问题
公司层面	你认为公司最大的竞争优势是什么
	你公司的人力资源管理实践总体上有哪些做法？有什么独特之处
认可实践方面	在你们公司，采用哪些方式认可员工在工作中的努力以及高质量地完成工作任务
	在你们公司，是否重视员工的建议？如果是，你们是如何做的
授权实践方面	在你们公司，员工在工作安排上是否具有很大的自主权
	在你们公司，在项目管理中是否注重对员工的授权？如果是，采用这种方式有哪些作用
	在你们公司，员工在完成工作任务的方法上是否有自主权？采用这种方式有什么作用
能力发展实践方面	公司对员工的培训有哪些具体的内容？这些培训对员工的工作起什么作用
	在你们公司，是否采用轮岗？如果是，采用轮岗有哪些作用
	在你们公司，是否重视员工在工作中学习新技能和知识
公平薪酬实践方面	在你们公司，薪酬的公平性是如何体现的？有哪些作用
	在你们公司，是否注重工作任务分配的公平性
	公司是否重视绩效评估？如果是，绩效评估有哪些作用
信息共享实践方面	你们公司采用哪些方式进行信息共享
	在你们公司，会与员工分享关于公司的哪些信息？分享信息有哪些作用

通过对深度访谈的原始语句进行分析发现（见表3-3），这7家在行业内比较成功的企业非常注重员工的参与性。在认可实践方面，公司采用多种方式对员工努力工作和高质量地完成工作进行认可。在认可员工建议方面，公司接受和采纳员工的建议，这是对员工认可和尊重的一种重要方式，这样可以增强员工的积极性和参与性。经过对比分析认可实践的测量指标，研究发现该维度测量指标的6个条目较好地反映了这一维度。在授权方面，员工在工作时间、完成工作的任务方式上都有较大的自主权，通过对比分析授权实践的测量指标，研究发

现测量指标的 3 个条目能较好地测量该维度。在能力发展实践方面,公司鼓励员工在工作中学习新技能和新知识,并把学习到的知识和技能运用到工作当中去。同时,公司还重视对员工工作技能相关的培训,以便提升员工的业务能力。在轮岗方面,轮岗对于企业培养人才和提升员工技能起到重要的作用。国外很多成功的公司把轮岗作为提升组织内部员工知识和技能的一种重要方法。但在中国经济快速发展和转型的过程中,企业用工成本越来越高,甚至出现用工荒的状况。随着人口红利的消失,国内企业用工的短缺将是一个中长期现象。根据国家统计局的数据显示,2014 年,16 周岁以上至 60 周岁以下(不含 60 周岁)的劳动年龄人口为 9.16 亿人,比上年末减少了 371 万人,这已是第三年连续下降。不难看出,劳动力人口绝对数量开始下降已经是一种常态性的趋势,对企业产生的影响就是企业出现用工荒,从而会导致用工成本的大幅度提高。由于企业用工的紧缺和用工成本的提高,企业在岗位设置上是一人一岗。企业在资金和岗位设置有限的条件下,会考虑运用最少的资源实现最大化的收益。另外,员工的轮岗会给企业带来较大的成本,其中包括企业的培训成本、管理者的时间成本,以及员工到新岗位工作效率的降低,甚至企业还要承担业绩下滑的风险。因此,企业对于员工轮岗的态度非常谨慎。

基于以上考虑,本研究认为能力发展实践的一个测量条目"员工可以通过轮岗来提高技能",是否属于该维度的范畴需要进一步探讨。在公平薪酬实践方面,企业在薪酬管理中注重岗位薪酬的公平性、给予员工公平薪酬和绩效考核标准,公平薪酬实践测量指标的 5 个条目能较好地测量该维度。在信息共享实践方面,该维度主要反映了公司通过信息平台分享关于公司的投资项目、财务绩效、新产品开发等方面的信息,以及公司采纳员工的建议。由此可见,信息共享实践是信息双向流动的一个过程。但在中国高权力距离下,企业注重从上到下的信息流动,公司分享给员工关于企业的投资项目、财务绩效等方面的信息,这些信息的分享是员工参与企业管理实践活动的基础和条件。另外,在高权力距离下,公司的很多信息都不透明,从上而下的信息共享能使组织内部员工感知到自身对组织的重要性,进而提高员工的积极性和参与性。信息共享实践的两个条目"公司会认真考虑员工所提出的关于提高公司效率的方法"和"在公司里,员工的建议会被采纳",是测量公司对员工建议的重视程度,这两个测量条目与认可实践中的两个条目存在着一定的交叉性。因此,这两个条目是否属于信息共享实践的范畴,需要进一步检验。

表 3 - 3   来自深度访谈企业的高参与工作系统的描述

维度	原始语句(相似语义被提及次数)
公司层面	公司非常重视创新,在管理、生产、经营等活动中,都自觉求新求变、追求卓越。另外,企业注重建立学习型组织,并运用多种方法调动员工的积极性和潜力。公司十分注重员工的参与性,以便激发员工的潜在能力,通过不断地创新开发核心产品或者提供新服务,这样能够促进企业获得竞争优势。(4 次) 公司除了采用基本的人力资源管理实践活动之外,还特别重视薪酬的公平性,并根据个人绩效、组织绩效来安排员工薪酬,以便激发员工参与企业管理实践的内在动机。公司注重员工在工作中学习知识和技能,并为员工提供内部培训和外部培训的机会,这样增加了员工的知识和技能,以便使员工有能力高质量地完成工作任务。公司重视以人为本,促进员工与组织的和谐发展,这样能够提高员工的积极性和参与性。(5 次)
认可实践	公司对员工努力工作进行口头表扬,并对有重大贡献的员工进行表彰,这些荣誉表彰可以提升员工的口碑,对员工日后的晋升、绩效考核具有重要影响。(5 次) 公司领导在工作场所赞扬员工的努力和取得的成绩,同时对做出重大贡献的员工给予一定的物质奖励。(4 次) 公司有自己的建言箱,公司接受员工提出的关于公司管理上的建议,有专门的管理人员定期向总经理汇报。当员工提出合理的建议被采纳时,员工会得到一笔奖金。(3 次)
授权实践	公司员工在工作时间安排上具有很大的自主性,尤其研发人员可以根据任务的轻重缓急自主确定完成任务的时间和方法。(3 次) 公司根据任务目标进行分权,领导根据员工能力和知识水平的高低对员工进行适当的授权,员工在职责范围内可以根据任务要求自主地决定完成工作任务的方法。(3 次) 在项目管理的过程中,公司从各部门抽调骨干员工,并给予他们充分的授权,以解决项目中出现的问题。由于这些被抽调的员工都是公司不同部门的精英,可以充分发挥他们各自的优势快速地解决问题。(4 次)

（续表）

维度	原始语句（相似语义被提及次数）
能力发展实践	公司注重对员工的培训,主要有内部培训和外部培训(邀请外部专家进行培训),培训的内容如领导力的培训、销售部门的业务技能培训等。公司对员工的培训可以提升员工的知识和技能,促进员工快速地适应工作岗位和提高自身的业务能力,这样可以获得较多的晋升机会。(7 次) 公司要求少量需要晋升的中层管理者轮岗,便于这些中层管理者了解整个公司的运营状况,但中层管理者的轮岗次数和机会较少。而基层员工主要执行操作方面的任务,公司注重专业的人做专业的事情,由于员工受到专业的限制,轮岗不一定能产生预期的效果,公司对于轮岗非常谨慎,所以公司对基层员工较少实施轮岗。(7 次) 公司注重"干中学",鼓励员工在工作中学习,这样能促进员工在工作或生产的过程中积累经验,从而使员工在积累的工作经验中获取知识和技能。同时公司鼓励员工在工作中运用所获得的新技能。(4 次)
公平薪酬实践	在薪酬方面,不同岗位的薪酬水平是不同的,同一岗位公司给予员工的薪酬是相同的。与同行业相比,相同的工作岗位给予员工的薪酬是高于其他企业的。(5 次) 公司注重以技能为基础的薪酬,并根据工作年限进行调整,这些公平的薪酬措施可以促进员工更加积极地投入到工作当中去。(4 次) 公司重视任务分配的公平性,公司部门主管根据任务的轻重缓急以及员工能力大小来分配任务,使任务的分配更加具有公平性。(3 次) 公司注重绩效考评,每月、每季度、每年都进行绩效评估,由直接上司进行打分,并形成评估报告,以便为员工薪酬的增加和内部晋升提供依据。公平的绩效评估可以增加员工工作投入度,以及对企业的认同感。(6 次)
信息共享实践	公司主要通过内部信息共享平台进行沟通和信息分享,分享的方式主要是公司的网站、内部邮件系统,以及公司召开的会议,还有非正式的私下信息沟通。(4 次) 公司分享的内容主要包括:公司最近的投资项目、公司目前的运营情况、公司财务、新产品开发等信息,关于公司各方面的信息都可以在信息共享平台上获取。(5 次)

3.3.2 条目修订

本研究在对高参与工作系统的内涵特征界定和维度分析的基础上,结合深入访谈的方法,在 Paré & Tremblay（2007)开发的高参与工作系统量表的基础上,编制了预测试问卷,共有 29 个条目,如表 3 - 4 所示。其中,认可实践有 6 个条目,授权实践有 3 个条目,能力发展实践有 6 个条目,公平薪酬实践有 5 个条目,信息共享实践有 9 个条目。每个条目均采用李克特 5 点量表进行测量,以此衡量被调查者对于各问题的同意程度,1 至 5 分别代表"非常不同意"到"非常同意"。

表 3 - 4 高参与工作系统初始量表

维度	条　　目
认可实践	① 员工的建议被认真纳入考虑中
	② 在我部门,员工的建议会定期得到跟进
	③ 当员工工作质量高时,他的同事会不断表现出赞赏
	④ 在我部门,主管会以多种方式认可员工的工作努力
	⑤ 在我部门,员工会从主管那里获得书面认可(比如内部通知)
	⑥ 在我部门,主管会定期地犒赏员工付出的努力
授权实践	① 员工拥有很大的自由空间来完成其工作安排(比如工作日程)
	② 在我部门,员工在项目管理中拥有很大的自主权
	③ 在我部门,员工可以自由地选择完成其工作的方法
能力发展实践	① 员工可以提高自身技能以便获得更多晋升机会
	② 员工可以通过轮岗来提高技能
	③ 公司给员工提供若干专业性的拓展活动(比如辅导、训练)来增加他们的技能和知识
	④ 管理者鼓励员工学习专业技术课和专业认证等课程
	⑤ 我能够在工作中应用新技能
	⑥ 管理者鼓励员工在日常工作中应用新能力和新技能
公平薪酬实践	① 公司给予我的薪酬是公平的
	② 与其他相似的工作岗位的薪资相比,公司给予我的薪水是公平的
	③ 在我部门,主管会公平地分配任务
	④ 在我部门,员工会认为他们的薪资水平充分反映其在组织中所承担的责任级别
	⑤ 近两年内我所获得的加薪或奖金能充分反映我最近的绩效评价

（续表）

维度	条　　目
信息共享实践	① 公司的未来项目会定期向员工通报（比如大型投资、并购、新技术）
	② 公司财务结果会定期向员工通报
	③ 公司部门的绩效会定期向员工通报
	④ 技术发展趋势会定期向员工通报
	⑤ 管理者会定期向员工通报顾客对公司所提供的产品或服务的满意度
	⑥ 公司会认真考虑员工所提出的关于提高公司效率的方法
	⑦ 在公司里，员工会定期收到关于其绩效评价标准的通报
	⑧ 在公司里，员工的建议会被采纳
	⑨ 公司新产品或服务会定期向员工通报

3.4　高参与工作系统量表预测试

3.4.1　数据收集过程与样本结构

1. 预测样本

预测试调研的样本主要来自上海、广州、浙江等地区的企业，所涉及的行业主要包括制造业、服务业、高新技术产业、IT 等行业。预测试向 120 家企业发放问卷，每家企业发放 5～10 份员工问卷，共回收 110 家企业的问卷，其中 102 家企业的员工所填的 498 份问卷为有效问卷，问卷回收有效率为 85%。

2. 样本描述

企业员工样本的基本信息如表 3-5 所示。在性别方面，男性占比为 48.6%，女性占比为 51.4%。在年龄方面，22～24 岁的员工占比为 10.0%，25～29 岁的员工占比为 39.0%，30～35 岁的员工占比为 36.5%，36～40 岁的员工占比为 8.6%，40～45 岁的员工占比为 3.4%，45 岁以上的员工占比为 2.4%。在教育程度方面，高中或中专学历的占比为 7.6%，大专学历的占比为 20.7%，本科学历的占比为 58.4%，硕士学历的占比为 12.2%，博士学历的占比为 1.0%。在本公司工作年限方面，1 年及以下的占比为 21.7%，2～3 年的占比为 31.5%，3～6 年的占比为 27.7%，7～9 年的占比为 10.2%，10 年及以上的占比为 8.8%。在公司岗位方面，行政人员占比为 18.9%，业务人员占比为 26.3%，研发人员占比为

11.4%，运营维护人员占比为10.8%，管理人员占比为17.1%，其他人员占比为15.5%。

表 3 - 5 样本结构分析（N = 498）

	类别	数量	百分比
性别	男	242	48.6%
	女	256	51.4%
年龄	22～24 岁	50	10.0%
	25～29 岁	194	39.0%
	30～35 岁	182	36.5%
	36～40 岁	43	8.6%
	40～45 岁	17	3.4%
	45 岁以上	12	2.4%
教育程度	高中或中专	38	7.6%
	大专	103	20.7%
	本科	291	58.4%
	硕士	61	12.2%
	博士	5	1.0%
在本公司工作年限	1 年及以下	108	21.7%
	2～3 年	157	31.5%
	3～6 年	138	27.7%
	7～9 年	51	10.2%
	10 年及以上	44	8.8%
岗位类别	行政人员	94	18.9%
	业务人员	131	26.3%
	研发人员	57	11.4%
	运营维护人员	54	10.8%
	管理人员	85	17.1%
其他		77	15.5%

3.4.2 问卷条目评估

本研究主要采用信度和效度的方法来对问卷的测试条目进行评估。本研究使用修正条目的总相关系数 CITC(corrected item-total correlation)与克朗巴赫(Cronbach)α 信度系数来删除"垃圾测量条目",并在此基础上进行探索性因子分析(Explorative Factor Analysis),验证测量变量的效度,最终确定测量变量的条目。CITC 的检验标准是:当 CITC 小于 0.4 时,通常删除该测量条目。本研究以 0.4 为净化测量条目的标准。α 信度系数检验采用大于 0.7 的标准,表明内在一致性较好,符合信度的要求。

本研究从 102 家企业中随机抽取 51 家企业的员工问卷,共 249 份问卷,并使用个体样本对问卷条目进行评估(见表 3-6)。

表 3-6　高参与工作系统条目净化分析结果($N=249$)

变量		条目	该条目删除后量表均值	该条目删除后量表方差	CITC	该条目删除后量表 α	α 系数
高参与工作系统	认可实践	认可实践①	17.65	22.681	0.660	0.874	0.887
		认可实践②	17.82	21.396	0.711	0.866	
		认可实践③	17.55	22.313	0.640	0.876	
		认可实践④	17.56	21.328	0.755	0.859	
		认可实践⑤	18.22	20.219	0.707	0.867	
		认可实践⑥	18.06	19.755	0.752	0.859	
	授权实践	授权实践①	6.99	4.056	0.664	0.769	0.822
		授权实践②	7.27	4.076	0.685	0.747	
		授权实践③	6.97	4.096	0.682	0.750	
	能力发展实践	能力发展实践①	18.43	18.955	0.719	0.839	0.870
		能力发展实践②	18.85	20.183	0.488	0.883	
		能力发展实践③	18.67	17.836	0.693	0.845	
		能力发展实践④	18.26	19.290	0.756	0.834	
		能力发展实践⑤	18.33	20.312	0.685	0.847	
		能力发展实践⑥	18.29	19.721	0.741	0.837	
	公平薪酬实践	公平薪酬实践①	14.61	11.869	0.819	0.841	0.887
		公平薪酬实践②	14.58	12.026	0.759	0.855	
		公平薪酬实践③	14.34	13.347	0.670	0.875	
		公平薪酬实践④	14.55	12.563	0.694	0.870	
		公平薪酬实践⑤	14.72	12.209	0.696	0.870	

(α 系数 0.959 对应"高参与工作系统"整体)

（续表）

变量		条目	该条目删除后量表均值	该条目删除后量表方差	CITC	该条目删除后量表 α	α 系数	
高参与工作系统	信息共享实践	信息共享实践①	27.15	47.369	0.755	0.886	0.903	0.95
		信息共享实践②	27.58	47.567	0.662	0.894		
		信息共享实践③	27.12	48.724	0.681	0.892		
		信息共享实践④	27.22	47.522	0.761	0.885		
		信息共享实践⑤	27.14	48.820	0.725	0.888		
		信息共享实践⑥	26.89	52.592	0.578	0.899		
		信息共享实践⑦	27.24	49.423	0.682	0.891		
		信息共享实践⑧	27.05	52.695	0.555	0.900		
		信息共享实践⑨	27.02	50.125	0.670	0.892		

从验证的结果看出,高参与工作系统测量的所有条目 CITC 值均大于 0.4 的标准。因此,在检验过程中没有发现可以删除的不合适条目。

3.4.3　探索性因子分析

为了确定最终量表的测量条目,对高参与工作系统的量表进行探索性因子分析。在探索性因子分析的过程中,采用主成分分析法,对每一个概念进行因素抽取,并采用正交旋转的方差最大法来验证,最终确定测量条目的因子载荷。在探索性因子分析的过程中,采用 KMO 指标与 Bartlett 球形检验两个指标来说明测量指标的效度。其中,KMO 的值通常应该大于 0.7,Bartlett 球形检验应该达到 0.05 的显著水平。为获得具有理论意义的因子结构,我们采用以下四个标准来筛选合适的题项:①题项在某一因子上的负荷最小值大于 0.4;②题项与其他因子之间只有较低的交叉负荷;③某一题项的内涵必须与测度同一因子的其他变量的内涵保持一致;④每个因子的题项至少大于 1。只有满足上述四条标准的题项才被保留下来。

在这四个标准下,由于能力发展实践②、信息共享实践⑥和信息共享实践⑧这三个条目因子载荷小于 0.4,所以删除这 3 个条目。探索性因子分析结果共包含 5 个因子,其结果如表 3 - 7 所示。KMO 和 Bartlett 球形检验结果显示,KMO 测度值为 0.931,Bartlett 球形检验的显著性值为 0.000,样本适合做因子分析。高参与工作系统的总方差解释率为 69.32%,其中认可实践、授权实践、能力发展实践、公平薪酬实践、信息共享实践的方差解释率分别为 17.59%、14.49%、14.41%、13.43%、9.39%，表明高参与工作系统的收敛效度较为理想。

表 3 - 7　高参与工作系统探索性因子分析结果

变量		条目	因子 1	因子 2	因子 3	因子 4	因子 5	总变异解释
高参与工作系统	认可实践	认可实践①	0.186	**0.531**	0.432	0.209	0.220	69.32%
		认可实践②	0.138	**0.714**	0.313	0.102	0.246	
		认可实践③	0.162	**0.595**	0.187	0.379	0.145	
		认可实践④	0.075	**0.676**	0.331	0.406	0.085	
		认可实践⑤	0.409	**0.711**	0.044	0.183	0.176	
		认可实践⑥	0.315	**0.705**	0.174	0.254	0.172	
	授权实践	授权实践①	0.285	0.129	0.165	0.103	**0.775**	
		授权实践②	0.125	0.350	0.222	0.160	**0.725**	
		授权实践③	0.137	0.165	0.279	0.292	**0.739**	
	能力发展实践	能力发展实践①	0.212	0.392	0.234	**0.561**	0.234	
		能力发展实践③	0.446	0.275	0.041	**0.592**	0.227	
		能力发展实践④	0.204	0.220	0.147	**0.826**	0.112	
		能力发展实践⑤	0.195	0.196	0.334	**0.704**	0.193	
		能力发展实践⑥	0.177	0.227	0.292	**0.772**	0.103	
	公平薪酬实践	公平薪酬实践①	0.180	0.256	**0.746**	0.197	0.338	
		公平薪酬实践②	0.212	0.221	**0.749**	0.183	0.196	
		公平薪酬实践③	0.208	0.162	**0.638**	0.320	0.241	
		公平薪酬实践④	0.285	0.169	**0.699**	0.204	0.102	
		公平薪酬实践⑤	0.420	0.266	**0.615**	0.122	0.115	
	信息共享实践	信息共享实践①	**0.705**	0.268	0.205	0.161	0.246	
		信息共享实践②	**0.771**	0.172	0.151	0.031	0.091	
		信息共享实践③	**0.697**	0.090	0.371	0.190	-0.036	
		信息共享实践④	**0.802**	0.104	0.195	0.223	0.159	
		信息共享实践⑤	**0.716**	0.127	0.203	0.227	0.171	
		信息共享实践⑦	**0.493**	0.433	0.415	0.185	-0.011	
		信息共享实践⑨	**0.629**	0.254	0.112	0.200	0.215	

3.4.4 信度分析

随后，本研究用剩下的51家企业共249份样本来检验量表的信度。李克特量表中常用的信度检验方法为Crobanch's α系数法。信度（Reliability）是指测量的一致性程度或一个测量工具在同样情况下，对同一对象重复测量得到相同结果的可能性。它反映了测量工具的一致性或稳定性（Earl Babbie，1999）。本书采用Crobanch's α值作为信度检验的一种指标，当Crobanch's α值大于0.70时，表示其内在一致性具有良好的效果。高参与工作系统的信度分析结果如表3-8所示，各维度的Crobanch's α值均大于0.70，表明该量表具有较好的内在一致性，即测量量表具有很好的信度。

表3-8 高参与工作系统修订后的信度

	变量	测量条目数	α系数（N=249）	总α系数
高参与工作系统	认可实践	6	0.851	0.956
	授权实践	3	0.847	
	能力发展实践	5	0.836	
	公平薪酬实践	5	0.882	
	信息共享实践	7	0.897	

3.4.5 验证性因子分析

验证性因子分析是在AMOS 17.0软件中完成的，主要通过一系列的指标验证理论模型与数据的匹配程度。邱浩政（2004）认为这些指标主要包括四部分：①卡方检验P值与$X^2/\mathrm{d}f$值；②适合度指标GFI、NFI、NNFI等；③替代性指标NCP、CFI、RMSEA等；④残差分析指标RMR、SRMR等。根据应用的普遍性，本研究采用$X^2/\mathrm{d}f$、RMSEA、GFI、NFI等指标进行验证性因子分析，以便验证量表的结构效度。

根据已有的研究，一般认为$X^2/\mathrm{d}f$值小于3时，表示模型具有良好的拟合度（Carmines & Mciver，1981）。近似误差均方根（root mean square error of approximation，RMSEA）是近年来广被采纳的指数，RMSEA的数值越大，表示模型越不理想。学者普遍认为RMSEA小于0.08是比较理想的模型（Hu & Bentler，1999）。GFI、IFI、CFI等指标介于0与1之间，其数值越大，表明模型越理想，一般要求这些指标的值在0.90以上，说明数据与模型拟合程度较好

（Hu & Bentler，1999）。

本研究采用剩余 51 家企业的 249 个样本进行验证性因子分析。高参与工作系统的验证性因子分析结果如表 3-9 所示，研究结果表明模型拟合理想。五因子模型拟合指数满足 $X^2/\mathrm{d}f$ 小于 3 的标准，CFI、TLI、IFI 大于 0.900 的标准，RMSEA 小于 0.08 的标准，说明模型拟合指数比较理想。高参与工作系统五因子模型（$X^2 = 631.547$，$\mathrm{d}f = 292$，$X^2/\mathrm{d}f = 2.163$，$RMSEA = 0.068$，$CFI = 0.917$，$TLI = 0.908$，$IFI = 0.918$），其中 CFI、CFI、IFI 均大于 0.9 的标准，RMSEA 满足小于 0.08 的标准，说明基础模型拟合较好。在此基础上，本研究提出四个竞争模型，以判断变量的聚合效度和区分效度，如表 3-9 所示。从研究结果可以看出，这四个模型的拟合指数明显差于基础模型，表明高参与工作系统具有良好的聚合效度和区分效度。

表 3-9　高参与工作系统的效度分析结果（$N = 249$）

测量模型	结构	CMIN	$\mathrm{d}f$	$CMIN/\mathrm{d}f$	$\triangle X^2/\triangle \mathrm{d}f$	RMSEA	CFI	TLI	IFI
基础模型	五因子	631.547	292	2.163		0.068	0.917	0.908	0.918
模型 1	四因子	715.222	293	2.441	83.675 ***	0.076	0.897	0.886	0.898
模型 2	三因子	777.908	294	2.646	73.180 ***	0.081	0.882	0.870	0.883
模型 3	两因子	950.511	296	3.211	79.741 ***	0.094	0.841	0.825	0.842
模型 4	一因子	1067.121	297	3.593	87.114 ***	0.102	0.812	0.795	0.814

3.5　本章讨论

本研究在界定高参与工作系统的内涵和维度构成的基础上，结合企业深入访谈的方法，对 Paré & Tremblay（2007）开发的量表进行修订，以便适合中国背景下的研究。本书梳理高参与工作系统的相关文献，以及对多家企业进行深入访谈，编制了高参与工作系统的 29 个条目的初始量表，通过信度分析、探索性因子分析和验证性因子分析进行检验，共删除 3 个条目，剩余 26 个条目。其中，能力发展实践删除 1 个条目——"员工可以通过轮岗来提高技能"。这是由于在中国经济快速发展和转型的背景下，企业出现用工的紧缺和用工成本的提高，在企业资金和岗位设置有限的条件下，企业会考虑运用最少的成本来实现最大化的收益。另外，员工的轮岗会增加企业的成本，其中包括企业的培训成本、管理者的时间成本,以及员工到新岗位带来的工作效率降低,甚至企业还要承担业绩下滑的风险。因此,企业对于员工轮岗的态度非常谨慎。信息共享实践删除2个条目——"公司会认真考虑员工所提出的关于提高公司效率的方法"和"在公司里,员工的建议会被采纳"。删除这两个条目的原因在于,一方面,信息共享实践主要反映企业分享关于公司绩效、公司战略和运营绩效等方面的信息(Meyer & Allen,1997;Rodwell,Kienzle,& Shadur,1998)。尤其在中国高权力距离下,企业的很多信息都不透明,企业从上而下的信息分享是提升员工参与性和积极性的重要条件。另一方面,考虑到删除的这两个测量条目与认可实践的两个条目——"员工的建议被认真纳入考虑中","在我部门,员工的建议会定期得到跟进",存在着一定的交叉性。公司能够接受员工的建议,这是对员工的一种认可和尊重,而删除的这两个条目主要反映了公司对员工建议的重视,与信息共享实践的内涵具有本质的区别。本章通过对102家企业的498份问卷数据进行探索性因子分析($N = 249$)和验证性因子分析($N = 249$),并对高参与工作系统的量表进行验证,研究表明高参与工作系统量表的修订是合理有效的。

第4章

研究框架与研究假设

4.1 高参与工作系统对组织创造力及绩效的作用分析

4.1.1 研究模型

高参与工作系统是指一系列人力资源管理实践政策的系统组合,这种系统组合是促进组织产生积极结果的一种方式(Edwards & Wright,2001)。已有研究发现人力资源管理实践能够对组织创造力产生影响,但不同类型的人力资源管理实践对组织创造力产生的影响具有差异性(刘新梅、王文隆,2013)。由此可见,组织创造力的提升离不开企业的人力资源管理实践,离不开组织内部员工的参与,而高参与工作系统能够通过一系列人力资源管理实践增强员工的主动性和参与性(Paré & Tremblay,2007),进而会对组织创造力产生重要影响,但目前尚未有研究探讨高参与工作系统对组织创造力的影响。

高参与工作系统对组织绩效产生积极的影响(Youndt & Snell,1998;程德俊、赵曙明,2006)。已有研究发现高参与工作系统可以通过社会网络、智力资本、社会资本和吸收能力等组织内部因素影响组织绩效(Youndt & Snell,1998;程德俊、赵曙明,2006;施杨、李南,2009),但少有研究探讨组织创造力这一重要因素。组织创造力是指致力于生产有关产品、服务、程序或工艺的有用的新想法的能力(Amabile,1997)。组织创造力的提升需要充分发挥组织内部员工的积极性和参与性,这样才能提出新颖的、有用的想法,而这些想法成功地运用到组织当中,能够提升组织绩效(刘新梅、刘超、江能前,2013)。

因此,本章在以往研究的基础上,探讨高参与工作系统对组织创造力的直接作用,以及高参与工作系统对组织绩效的影响。通过分析组织创造力的中介作用,揭示组织创造力在提升组织绩效方面所起到的作用,以便为探讨高参与工作系统对组织创造力及绩效的作用机理奠定基础。具体的研究模型如图 4 - 1所示。

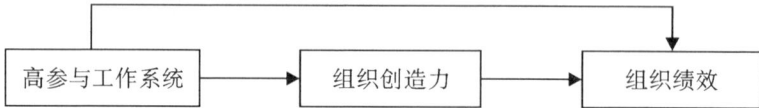

图 4 - 1　研究模型

4.1.2　研究假设

1. 高参与工作系统与组织创造力

高参与工作系统是指一系列有效的人力资源管理实践的系统组合(Lawler,1992；Edwards & Wright,2001)。这种系统组合能够调动员工的主动性和参与性,并授权给员工更多的自主性,进而促进组织产生积极结果的一种有效方式(Lawler,1992；Paré & Tremblay,2007)。通过对已有文献的梳理发现,目前多数研究探讨高参与工作系统对组织绩效的影响(Youndt & Snell,1998),较少的研究探讨了高参与工作系统对组织创新及创新绩效的影响(程德俊、龙静、赵曙明,2011),尚未有学者探索高参与工作系统对组织创造力的影响。

组织创造力主要反映了在复杂的社会系统下,组织产生一系列新的、有价值的想法,并形成解决新产品、新服务、新工艺等有关问题的能力(刘新梅等,2011)。组织创造力的提升离不开员工创造力的培养和发挥,离不开企业的人力资源管理实践,而企业的人力资源管理实践能够对组织目标的实现产生积极的作用(Collins & Clark,2003)。高参与工作系统能够充分发挥员工的积极性和主动性,增强员工的参与性,并给予员工充分的授权、培训、信息共享等权利,从而提高组织发展所需要的人力资本,最终会影响组织创造力的提升(Lawler,1992；Paré & Tremblay,2007)。

根据资源基础理论的观点,组织所拥有的有价值的、稀有的、不可被替代的资源是企业获得竞争优势的基础,合理地配置组织的资源能够促进企业获得持续的竞争优势(Barney,1991)。人力资源系统并不是单个的人力资源实践活动,而是多个人力资源实践的系统组合。它能够促进组织产生具有独特性、模糊性和协调性的资源,增加组织的人力资本、社会资本和组织资本,这些资源和资本很难被其他企业模仿(Wright et al.,2001)。高参与工作系统通过一系列人力资源管理实践,能够增加组织的人力资本,进而对组织创造力产生影响。本研究认为高参与工作系统可以通过认可实践、授权实践、能力发展实践、公平薪酬实践和信息共享实践活动对组织创造力产生积极的影响。在认可实践方面,认可实践主要反映公司对员工工作质量的一种肯定程度,并根据员工的工作绩效进行积极的反馈(Paré & Tremblay,2007)。一方面,当员工的工作绩效得到领导或者组织的认可时,员工会对组织产生很强的认同感,减少因对组织的不满意而产生的人力资本流失,从而保证组织的人力资本存量,这些人力资本存量对于提升组织创造力具有重要的作用(Guzzo & Noonan,1994)。另一方面,当员工获得组织的支持和信任时,员工会更加积极地投入到工作当中去,并创造性地处理问题,进而提高组织创造力(Guzzo & Noonan,1994;Meyer & Smith,2000)。在授权实践方面,授权实践主要反映组织给予员工充分的自由决策权,其中包括工作的丰富性、自我管理团队、参与性决策等方式,当组织给予员工充分授权时,员工会有较高的内部动机并承担相应的责任,这样会激励员工不断地努力完成工作任务,进而提高组织创造力(Paré & Tremblay,2007)。在能力发展实践方面,能力发展实践主要反映组织对员工知识和技能的培训,这样能够增加员工的知识和技能,而这些知识和技能是提升组织创造力的重要基础(Amabile,1983;Paré & Tremblay,2007)。在公平薪酬实践方面,公平薪酬实践主要反映员工公平获得薪酬回报的权利,为了激励员工的内部动机,形成与组织一致的目标,组织合理地分配工作任务,并对员工进行公平的绩效考核。公平薪酬实践活动主要包括共享收益和利润分配等方式(Zatzick & Iverson,2011)。组织运用这些措施能够激励组织内部员工工作的积极性和参与性,加强了员工对组织的认同,保证了组织拥有足够的人力资本存量,这些知识和人力资本是提升组织创造力的重要基础(Lawler,1992;Paré & Tremblay,2007)。在信息共享实践方面,信息共享实践主要反映组织内部信息的共享程度,可以增强员工之间的信任感,使员工能够感知到自身对组织的重要性。另外,信息共享实践能够促进组织内部的知识传播,从而为组织创造力的提升创造条件(Rodwell,Kienzle,& Shadur,1998;Paré & Tremblay,2007)。

由此可见,高参与工作系统通过一系列的人力资源管理实践政策的有效组合调动了员工的积极性和参与性,组织通过认可实践提高员工对组织的认同和工作投入度;通过授权实践增强员工在工作任务中的自主决策权;能力发展实践是组织对员工进行与业务技能相关的培训,从而增加员工的知识和技能;信息共享实践能够增强组织员工之间的信任感,使组织内部的知识或新想法得以充分交流;公平薪酬实践是给予员工合理的薪酬,激励员工的内部动机。组织的这些实践活动都在不断地提高组织的人力资本,增加企业的知识资源,这些资源都是提高组织创造力的重要基础和条件(Lawler,1992;Paré & Tremblay,2007;刘新梅、王文隆,2013)。因此,根据以上的理论阐述,本研究提出:

假设 1:高参与工作系统对组织创造力具有显著正向影响。

2. 高参与工作系统与组织绩效

高参与工作系统的不同维度分别对组织绩效产生积极的影响(Lawler et al.,1995)。其中,认可实践主要反映组织对员工高质量地完成工作的一种认同程度,尤其对于专业技术人员而言,领导对其高质量完成工作的认可,对于提升员工的工作积极性具有重要影响(Paré & Tremblay,2007)。同时,组织对员工的认可度较高时,组织会仔细考虑员工的建议并给予他们积极的反馈,这样会影响员工的工作绩效(Paré & Tremblay,2007)。授权实践能够给予员工充分的自由决策权,当员工在工作中感受到充分的授权时,他们在工作的过程中承担多种角色和责任,员工就会以更加积极的态度投入到工作中去,通过授权实践能够培养员工的参与行为,增强员工之间的信任和支持,进而会影响员工工作的积极性,最终影响组织绩效(Eby et al.,1999;Lawler,1986;Paré & Tremblay,2007)。能力发展实践能够提升员工的知识和技能,从而使员工感受到组织愿意为员工的发展提供帮助,进而促使员工愿意长期为企业服务,而不仅仅是短期的行为(Tsui et al.,1995)。通过对员工技能的培训和开发能够使企业获得较好的组织绩效,这是因为组织绩效的提升主要依靠组织内部员工技能的提升和创造性地处理问题,以及组织内部员工创新性的工作方式(Pfeffer & Veiga,1999)。公平薪酬实践主要反映员工对于不同工作结果公平性的感知,其中包括补偿条件、绩效评估、工作安排等内容,尤其绩效评估的公平性对于员工的积极性具有显著的影响,当员工获得公平薪酬或工作任务安排时,员工会感知到组织的支持,并具有积极的工作态度,这样就会影响员工的工作绩效和组织绩效(Lawler,1986;Paré & Tremblay,2007)。信息共享实践能使组织的目标和价值观内部化,增强了员工之间的相互信任感(Rodwell,Kienzle,& Shadur,1998)。因为信息共享实践是一种有效增加员工工作投入的方式,信息共享使员工更加了解组织绩效、产品产量和运营绩效,从而使员工感知到被组织信任,最终提高员工的工作绩效和组织绩效(Lawler,1986;Pfeffer & Veiga,1999;Paré & Tremblay,2007)。

以往研究表明,人力资源系统能够提高组织绩效(Bowen & Ostroff,2004)。

高参与工作系统通过一系列的人力资源实践活动影响员工的参与性、工作满意度和生产效率,最终影响组织绩效(Benson,Young,& Lawler,2006)。Benson等(2006)通过对 1 000 家样本企业的调研,探讨了高参与工作系统与企业财务绩效的关系。他们的研究结果表明,高参与工作系统对企业的财务绩效产生积极的影响。已有研究表明,企业采用高参与工作系统能够提高组织绩效。因此,根据以上的理论阐述,本研究提出:

假设 2:高参与工作系统对组织绩效具有显著正向影响。

3.组织创造力的中介作用

已有研究发现高参与工作系统能够提高组织绩效,并检验了社会网络、智力资本、社会资本和吸收能力在高参与工作系统与组织绩效之间具有重要的中介作用(Youndt & Snell,1998;程德俊、赵曙明,2006;施杨、李南,2009)。本研究认为组织创造力在高参与工作系统与组织绩效之间具有中介作用。这是因为高参与工作系统能够通过一系列的人力资源实践活动影响组织内部员工的积极性和参与性(Paré & Tremblay,2007)。其中,认可实践可以增强员工对组织的认同,员工会更加积极地处理问题,同时还减少了人力资本的流失(Guzzo &Noonan,1994)。授权实践使员工拥有更多的自主决策权,能够提升员工的内在动机,激发员工创造性地解决问题(Paré & Tremblay,2007)。能力发展实践可以增加员工的知识和技能,进而增加组织的人力资本存量(Amabile,1983;Paré & Tremblay,2007)。公平薪酬实践可以激发员工的工作积极性,减少因薪酬的不公正而造成的高离职率,从而保证组织拥有足够的人力资本(Lawler,1992)。信息共享实践能使组织内部的信息和知识得到有效的传播,这样为组织创造力的提升创造了条件(Rodwell,Kienzle,& Shadur,1998)。因此,这些实践活动的有效组合可以提升组织内部员工的认同感、积极性和参与性,增加了组织的人力资本,而这些人力资本是提升组织创造力的基础和条件(刘新梅、王文隆,2013)。

组织创造力是组织为了解决现存或者预期存在的问题,而产生的新颖且有价值的想法或者解决方案的能力,这些新想法在组织内部成功地应用能够提升组织绩效(刘新梅等,2013)。本研究认为组织创造力能够促进组织绩效的提升。其原因在于创造性水平较高的组织,能以独特且有意义的方式提出关于新产品或新服务的想法,从而为满足顾客的价值需求奠定了基础;在设计新程序或流程方面,可以有效地节省运营时间或者降低运营成本,并将原有的方法、技术及原材料运用到新的领域,从而改善新领域内的流程或程序,进而提高产品的性能;

在市场方面,组织更倾向于进入新的市场来寻求新发展机遇,并能够通过实施差异化的战略来提供比竞争对手更加优越的产品或服务(Andrews & Smith,1994;刘新梅、刘超、江能前,2013)。因此,本书提出如下假设:

假设3:高参与工作系统通过组织创造力显著地正向影响组织绩效。

4.2　高参与工作系统对组织创造力及绩效的作用机制：人力资源柔性视角

4.2.1　研究模型

本研究通过梳理高参与工作系统的相关文献,研究发现高参与工作系统能够通过社会网络、智力资本、社会资本和吸收能力等因素影响组织绩效(Youndt & Snell,1998;程德俊、赵曙明,2006;施杨、李南,2009)。但不同学者的研究结论并不具有一致性,高参与工作系统与组织绩效之间仍然存在着"黑箱"。在探讨人力资源管理实践与组织绩效之间的"黑箱"时,部分学者指出人力资源柔性是一个重要的中介因素(Bhattacharya et al.,2005;田新民,2007)。人力资源柔性是一种能够不断适应快速变化的外部环境的能力(Hitt et al.,1998)。在动态的外部环境下,组织为了适应内外部环境的变化而更加具有柔性,人力资源柔性作为组织柔性的一个重要方面,对于获得较高的组织绩效和持续竞争优势具有重要作用(Beltrán-Martín et al.,2008)。目前已有研究重点探讨了高绩效工作系统对人力资源柔性的影响,进而会对组织绩效产生影响(Beltrán-Martín et al.,2008;Tracey,2012)。但尚未有研究探讨高参与工作系统能否通过人力资源柔性影响组织绩效,所以其内在的作用机制需要进一步探讨。

高参与工作系统对组织创造力的影响研究还处于探索阶段。目前的研究重点探讨了高参与工作系统对于组织创新绩效的影响(程德俊、龙静、赵曙明,2011)。已有研究发现高参与工作系统会通过组织社会资本影响组织创新绩效,高科技行业在组织社会资本和组织创新绩效之间具有正向调节作用(程德俊、龙静、赵曙明,2011)。Chang等(2013)通过研究资源导向型的人力资源系统和协调导向型的人力资源系统对于组织创新的影响,结果发现两种类型的人力资源系统会通过吸收能力积极地影响组织创新。目前大多数研究主要探讨不同类型的人力资源管理实践对于组织创新的影响,较少的研究探索人力资源管理实践对于组织创造力的影响。刘新梅和王文隆(2013)研究承诺型人力资源管理实践和控制型的人力资源管理实践对于组织创造力的影响,研究发现这两种类型的人力资源管理实践通过组织学习影响组织创造力。从以上论述可以看出,目前尚未有研究探讨高参与工作系统对组织创造力的作用机理。

尽管已有研究探讨了高参与工作系统与组织绩效的关系,但所形成研究结论不具有一致性。一方面,有学者认为高参与工作系统能够积极地影响组织绩效(Pil & Macduffie,1996;Harmon,Scotti,& Behson,2003;施杨、李南,2009);另一方面,还有研究指出高参与工作系统并不能显著地正向影响组织绩效(Camps & Luna-Arocas,2009)。由此可以看出,高参与工作系统能否对组织绩效产生影响,还取决于两者之间的情景因素。

根据资源基础观和新制度理论,企业获得竞争优势除了要具有异质性的资源外,还受到组织情景和社会情景因素的影响(Meyer & Rowan,1977)。人力资源管理实践与组织文化的有效互动能够对组织绩效产生积极的影响(刘善仕、彭娟等,2010)。组织集体主义作为组织文化的一个重要方面,在高参与工作系统与人力资源柔性之间具有重要的中介作用。在组织集体主义下,组织强调对员工的关怀、尊重、理解,与员工共同决策,共同承担责任,能增强组织内部员工的合作,建立良好的人际关系,进而促进组织内部员工学习到多样化的知识和技能(Robert & Wasti,2002)。在这种价值观的指导下,高参与工作系统能够进一步激发组织内部员工的积极性与参与性,从而提升他们适应多样化工作的能力,增强组织的人力资源柔性,最终影响组织创造力及绩效(Robert & Wasti,2002;Goncalo & Staw,2006;Paré & Tremblay,2007)。但目前尚未有研究探讨高参与工作系统与组织集体主义的互动对组织创造力及绩效的作用机理。

因此,本章以资源基础观和新制度理论为基础,从人力资源柔性视角探讨高参与工作系统对组织创造力及绩效的作用机理,探讨在组织集体主义导向下高参与工作系统通过人力资源柔性影响组织创造力及绩效的间接效应,研究高参与工作系统对人力资源柔性的影响,人力资源柔性在高参与工作系统与组织创造力之间的中介作用,以及人力资源柔性在高参与工作系统与组织绩效之间的中介作用。研究模型如图 4 - 2 所示。

4.2.2　研究假设

1. 高参与工作系统与人力资源柔性

由于组织面临着日益复杂的外部环境,企业管理者需要转变思路选择合适的战略来提升组织能力,而柔性能力是企业适应内外部环境变化的一种重要方

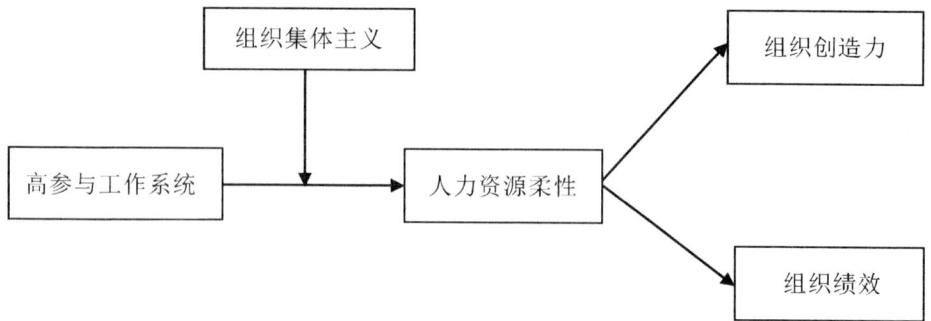

图 4 - 2　研究模型

式,在促进企业获得竞争优势方面具有重要的作用(Beltrán-Martín et al.,
2008)。人力资源柔性作为柔性能力的重要组成部分,能够促进组织适应内外部
环境变化,对于组织获得竞争优势具有重要作用。人力资源柔性是指员工拥有
的技能和行为柔性,能够为公司的发展提供战略选择,并具有内部导向性
(Wright & Snell,1998)。Wright & Snell (1998)认为职能柔性是人力资源柔性
的一个重要维度,它主要反映员工适应多样化工作任务的能力,技能柔性则反映
员工快速学习和掌握新的技术、技能的能力,行为柔性是指组织内部员工在不同
环境下所表现的行为多样性(Beltrán-Martín et al.,2008)。

　　根据资源基础观,人力资源管理实践能够促进组织内部员工技术和能力的
提升,最终会影响组织的人力资源池(Wright et al.,2001)。本研究认为高参与
工作系统是影响人力资源柔性的重要因素。①认可实践能够加强员工对组织的
认同感和信任感,当员工感知到被组织公平对待时,他们就会提出更加合埋的工
作建议,从而更容易适应不同的工作内容,进而影响职能柔性(Cobb,
Wooten,& Folger,1995)。②能力发展实践通过培训等方式来增加员工的知
识和技能,由于知识更新换代的速度越来越快,组织内部员工需要不断更新自身
的知识结构以适应不断变化的环境,员工技能和知识的提升对组织职能柔性和
技能柔性将产生积极的影响,同时能力发展实践活动拓展了员工的技能和知识,
能使员工按照他们自己的方式来完成工作任务,最终会增强员工行为柔性
(Wright & Snell,1998;Parker & Axtell,2001)。③授权实践活动使员工对工
作任务的完成方式和完成时间具有较大的决策权,能够提升员工的工作投入度,
当组织给予员工更加灵活的决策权时,他们处理工作问题时就有很大的责任,这
样促使员工在处理问题时表现出更多的灵活性和柔性。④信息共享实践增强了
员工之间的信任,并使个体感知到自身对组织的重要性,同时员工可以获得组织

的信息、技术和资源,这些资源的运用能使员工更加积极主动地工作,从而使员工能适应不同的工作岗位和工作任务,最终提升了组织的技能柔性和职能柔性(Bhattacharya et al.,2005)。⑤公平薪酬实践活动是一种重要的吸引拥有多样化技能的员工的方式,因为具有多样技能的员工希望通过他们的能力来获得相应的薪酬。这项实践活动可以增强员工的行为柔性和其对内外部问题的快速决策能力(Wright & Snell,1998)。同样,其他学者认为公平薪酬实践能够增强员工的自信心,进而促进员工的创新行为以及在工作中的行为柔性,这是因为员工能够意识到组织对他们创造性地完成任务的认可以及他们所获得的公平的薪酬。但当员工获得不公平的薪酬时,员工就会平衡绩效和自身努力的关系,从而不利于发挥组织内部员工的主动性和积极性,进而会影响组织人力资源柔性(Williams,Pitre,& Zainuba,2002)。因此,根据以上理论阐述,本研究提出:

假设 4:高参与工作系统对人力资源柔性具有显著正向影响。

2. 人力资源柔性与组织创造力及绩效

已有研究探讨组织柔性对于组织创新的影响(Georgsdottir & Getz,2004)。人力资源柔性作为组织柔性的一个重要方面,引起众多学者的关注,目前研究重点关注人力资源柔性对组织创新的影响,但少有研究关注人力资源柔性对组织创造力的影响。

根据资源基础观,组织所拥有的资源是企业获得竞争优势的来源,尤其组织内部的知识资源对于提升组织创造力具有重要的作用(Barney,1991;Beltrán-Martín et al.,2008;刘新梅、王文隆,2013)。组织内部员工拥有的知识、经验和技能是组织最有价值的资源,这些资源的有效整合是提升组织创造力的基础和条件(Barney,1991;Lado & Wilson,1994)。人力资源柔性主要反映组织内部员工所拥有的知识、技能和行为脚本,这些资源能使组织持续拥有足够的智力资本(Wright & Snell,1998)。因为组织的人力资源柔性能够促进员工快速地学习知识和技能,以及快速地提高适应不同工作岗位的能力,进而会增加组织内部员工的人力资本,而员工的快速学习和交流能够增加组织的社会资本,组织内部知识的交流和分享最终会增加组织的智力资本。这些智力资本是提升组织创造力的基础和条件(Lado & Wilson,1994;Wright et al.,2001)。

人力资源柔性包括职能柔性、技能柔性和行为柔性,这三种柔性能够对组织创造力产生积极的影响(Beltrán-Martín et al.,2008)。职能柔性主要反映员工适应多样化工作的能力,以及员工所拥有的知识和技能的多样性,这些拥有多样化技能和知识的员工可以在工作的过程中创造性地解决问题,最终提升组织创造力(Axtell et al.,2000)。另外,职能柔性能提升组织内部员工快速地适应不同工作岗位的能力,员工可以在不同岗位上学习各种知识、经验和技能,这些经验和能力的获取增加了组织的人力资本和知识存量,进而为组织创造力的提升奠定基础(Beltrán-Martín et al.,2008;刘新梅、王文隆,2013)。技能柔性反映组织内部员工快速地学习和掌握知识、技术的能力,这些知识和技能在组织内部的有效传播,能够增加组织的知识资本和人力资本,由于组织的这些资本都是组织内部多年的经验总结,这些独特的知识是提升组织创造力的基础和条件(Bhattacharya et al.,2005;刘新梅、王文隆,2013)。而行为柔性反映组织内部员工在不同环境下表现出不同的行为方式(Bhattacharya et al.,2005)。行为柔性能够增强组织内部员工思考和解决问题的能力(Beltrán-Martín et al.,2008)。当组织内部员工的行为具有多样性时,他们处理相同的问题时会产生不同的想法,这些想法的产生对于提升组织创造力具有重要的作用(Wright & Snell,1998)。因此,根据以上理论阐述,本书提出:

假设5:人力资源柔性对组织创造力具有显著正向影响。

人力资源柔性是影响组织绩效的重要因素(Bhattacharya et al.,2005;Beltrán-Martín et al.,2008)。人力资源柔性包括职能柔性、技能柔性和行为柔性,这三者会对组织绩效产生积极的影响(Bhattacharya et al.,2005;Beltrán-Martín et al.,2008)。

根据人力资本理论,职能柔性反映员工适应多样化工作的能力,以及员工拥有的知识和技能的多样性,这些拥有多样化技能和知识的员工能高效率地完成不同的任务,进而使组织获得较好的绩效(Wright et al.,1994;Beltrán-Martín et al.,2008)。因此,较高的职能柔性能够提高员工的满意度,提高企业的生产效率,降低离职率,最终提升组织绩效(Kelliher & Riley,2003)。公司内部员工拥有多样化的技能,这样员工就有能力处理在不同环境下的工作任务。公司可以通过雇佣不同的专业技术人员,并表现出一种柔性以适应不同需求的变化(Bhattacharya et al.,2005)。因此,拥有较高的技能柔性,组织就会产生较高的组织绩效(Bhattacharya et al.,2005)。行为柔性主要表现为员工能够适应变化的环境,并在不同的情境下表现出合适的行为方式(Pulakos et al.,2000)。行为柔性能促进员工价值观的发展,这是因为行为柔性使员工能灵活处理不同问题并促进组织变革,通过增强员工学习能力的方式来适应环境的变化(Bhattacharya et al.,2005)。另外,行为柔性可以促进组织的员工不断提出解决问题的新的想法(Beltrán-Martín et al.,2008)。已经的研究发现行为柔性能够提高员工的工作绩效、工作满意度和公司财务绩效（Bhattacharya et al.，2005）。根据以上研究,本书提出假设:

假设 6:人力资源柔性对组织绩效具有显著正向影响。

3. 人力资源柔性的中介作用

高参与工作系统能够调动员工的积极性和参与性,并授予员工更多的自主权,进而促进组织产生积极的结果（Lawler,1992；Paré & Tremblay,2007）。高参与工作系统通过认可实践、能力发展实践、信息共享实践、授权实践和公平薪酬实践活动来提高组织绩效和组织创造力。一方面,高参与工作系统通过一系列人力资源实践能促进组织内部员工获得多样化的技能,快速地适应不断变化的环境,这样能够提升组织的人力资源柔性,而组织的人力资源柔性能够增加组织的人力资本存量,最终会影响到组织绩效（Kelliher & Riley,2003；Bhattacharya et al.，2005）。另一方面,高参与工作系统能够促进员工之间的信息和知识共享,而这些信息和知识是组织的重要资源,能够促进组织内部员工能力的提高,从而提高组织的人力资源柔性,组织的人力资源柔性能够进一步影响员工在工作中创新性地解决问题的能力,最终会影响到组织创造力。因此,根据以上的假设,本研究提出:

假设 7:高参与工作系统通过人力资源柔性显著影响组织创造力。

假设 8:高参与工作系统通过人力资源柔性显著影响组织绩效。

4. 组织集体主义的调节作用

组织集体主义强调组织内部员工之间的相互依赖性和合作性,以及组织内部的和谐性与对组织的依附感,能够实现组织目标的文化价值观（Robert & Wasti,2002；Goncalo & Staw,2006）。在这种价值观的指导下,组织内部员工能够感知到组织内部的和谐性,并对组织具有较强的认同感（Goncalo & Staw,2006）。同时组织集体主义价值观还能够增强员工之间的合作关系,促进组织内部员工之间的合作,这样就会形成积极的交换氛围,进而促进组织内部知识的交换和共享（Collins & Smith,2006）。这些知识和信息的共享能够增加组织内部员工的知识和技能（Bhattacharya et al.，2005；Goncalo & Staw,2006）。

高参与工作系统强调组织内部员工的参与性,给予员工更多的自主权,并对员工进行多样化的培训,给予其公平的薪酬,从而提高了员工的积极性、参与性和对组织的认同感,进而会影响组织的人力资源柔性（Goncalo & Staw,2006；Paré & Tremblay,2007）。高参与工作系统能使组织内部员工感知到组织的支持,从而表现出更多的组织公民行为(相互帮助、合作行为和知识共享等),这些组织公民行为能够提升组织内部员工适应多样化工作的能力，最终影响组织的人力资源柔性（Rhoades & Eisenberger，2002；Goncalo & Staw，2006；Paré & Tremblay，2007）。

　　根据资源基础观和新制度理论，企业获得竞争优势除了要具有异质性的资源外，还受到组织情景和社会情景因素的影响（Meyer & Rowan，1977）。人力资源管理实践与组织文化的有效互动，能够对组织产生积极的作用（刘善仕等，2010）。组织集体主义作为组织文化的一个重要方面，在高参与工作系统与人力资源柔性之间具有重要的中介作用。组织集体主义重点关注了员工建议，企业与员工共同分担失败的风险和责任，能够使员工感受到家人一般的关怀（Robert & Wasti，2002）。在具有较强的集体主义氛围的组织中，组织会对员工给予更多的人文关怀，注重组织内部员工之间的合作，使组织更加和谐。在这种价值观的指导下，高参与工作系统能够进一步调动组织内部员工的参与性。尤其在授权实践方面，当组织给予员工充分的授权时，可以充分发挥员工在企业管理活动中的自主性和参与性，这样可以提高组织内部员工适应不同环境的能力，进而提升组织的人力资源柔性。在信息共享方面，信息共享实践活动能够进一步增加组织内部员工获得所需要的知识和信息等资源，这样可以提高组织内部员工适应不同工作岗位的能力，最终会影响人力资源柔性的提升（Robert & Wasti，2002；Goncalo & Staw，2006；Paré & Tremblay，2007）。另外，在较强的组织集体主义氛围中，组织内部员工会感知到组织内部的和谐性，对组织具有较高的认同感。在这种价值观的指导下，高参与工作系统能使员工更加积极、主动地参与到企业的管理实践当中去，尤其在公平薪酬实践方面，组织内部员工能够获得公平的薪酬，这样就减少了组织的人力资本流失，进而会提升组织的人力资源柔性。而在认可实践方面，认可实践能够促进员工对组织产生较强的认同感，能够激发员工的内在潜能，使员工尽可能地充分利用各种资源，以适应多样化的工作环境和工作任务，最终提升组织的人力资源柔性（Robert & Wasti，2002；Goncalo & Staw，2006；Paré & Tremblay，2007）。在缺少集体主义氛围的组织中，组织内部员工的合作行为较少发生，员工对组织的认可度相对较低，弱化了员工为适应工作任务而提升自身潜能的内在动机。在这种情景下，高参与工作系统会弱化组织内部员工工作的积极性和分享知识的内在动机，进而减少组织内部员工学习多样化技能的机会，阻碍员工适应多样化工作的能力的发展，最终削弱组织的人力资源柔性（Paré & Tremblay，2007）。因此，根据以上理论阐述，本书研究提出：

假设 9：组织集体主义正向调节高参与工作系统与人力资源柔性的关系。

5. 被调节的中介效应

在以上研究的基础上，本书提出组织集体主义不但可以调节高参与工作系统与人力资源柔性的关系，而且还调节高参与工作系统通过人力资源柔性影响组织创造力及组织绩效之间关系的中介作用。根据中介作用和调节作用的理论推导，人力资源柔性能解释高参与工作系统对组织创造力和组织绩效影响的中介作用机制，在组织集体主义倾向较强时，高参与工作系统对于人力资源柔性的影响要高于在组织集体主义倾向较强时的高参与工作系统对于人力资源柔性的影响。因此，基于以上的分析，本书提出：

假设 10：组织集体主义正向调节高参与工作系统对组织创造力影响的间接效应，即当组织集体主义倾向较强时，高参与工作系统通过人力资源柔性影响组织创造力的间接效应较强。

假设 11：组织集体主义正向调节高参与工作系统对组织绩效影响的间接效应，即当组织集体主义倾向较强时，高参与工作系统通过人力资源柔性影响组织绩效的间接效应较强。

4.3　高参与工作系统对组织创造力及绩效的作用机制：知识整合能力视角

4.3.1　研究模型

高参与工作系统通过一系列人力资源管理实践的有效匹配和组合，影响员工在工作过程中的态度和行为，进而促进组织绩效的提升（Collins & Clark，2003）。因此，众多学者探讨高参与工作系统对组织绩效的影响（Youndt et al.，1996）。已有研究发现高参与工作系统通过人力资本、社会资本、吸收能力等中介因素影响组织绩效（Youndt & Snell，1998；程德俊、赵曙明，2006；施杨、李南，2009）。由于研究视角不同，不同研究者所得出的结论不具有一致性（Collins & Clark，2003；Harmon et al.，2003）。而高参与工作系统对组织创造力的影响研究还处于探索阶段，目前仅有个别学者从组织学习视角研究承诺型人力资源管理实践和控制型人力资源管理实践对组织创造力的影响（刘新梅、王文隆，2013）。由此可见，目前尚未有研究从知识整合能力视角来探讨高参与工作系统对组织创造力及绩效的作用机理。

　　根据资源基础观,企业所拥有的不可替代性资源是企业获得竞争优势的重要条件。企业所拥有的知识资源是提高组织创新能力和组织绩效的基础,企业必须把所获得的内外部知识进行有效的整合才能形成独特的、难以被模仿的资源。这些资源对于提升组织创造力及绩效具有重要的作用(Henderson & Clark,1990;刘新梅、王文隆,2013)。由此可见,知识整合能力在促进企业获取知识和整合现有知识中具有重要的作用。企业需要整合显性知识或者隐性知识,加强组织不同部门之间的合作才能将组织的内外部知识够转化为企业的竞争力(Boer et al.,1999)。因此,企业不但要从外部获取知识、技术和信息来提高组织的知识整合能力,还要整合企业内部现有的知识或者隐性知识,通过内外部知识的有效整合,才能为提升组织创造力及绩效奠定基础。

　　根据新制度理论,企业的竞争力受到组织赖以生存和发展的制度环境的影响(Meyer & Rowan,1977)。战略导向作为一种重要的组织制度,对于组织获得竞争优势具有重要的作用。而互动导向作为战略导向的重要组成部分,对于促进企业绩效具有重要影响(Ramani & Kumar,2008)。尤其是在网络技术快速发展的背景下,企业与顾客、顾客与顾客之间的互动更加方便、快捷,企业与顾客的互动成为企业获取外部知识和信息的一种方式。因此,互动导向成为一种重要的战略导向类型,在获取知识资源和满足顾客价值方面具有重要的作用(Ramani & Kumar,2008)。然而,获取的这些知识必须在组织内部进行有效的整合才能形成新的有用的知识,进而为开发新产品和提供新服务以及满足顾客的价值需求奠定基础(Ramani & Kumar,2008)。而组织内部的知识整合能力离不开企业的人力资源管理实践(Carmeli & Azeroual,2009)。

　　根据资源基础观和新制度理论,人力资源管理实践与组织战略的有效互动能够促进组织资源的有效配置,从而形成独特的、有价值的资源,这些资源能够对组织创新及绩效产生积极的影响,最终会使组织获取持续的竞争优势(Miles et al.,1978;Wright et al.,2001)。有学者研究发现人力资源管理实践与组织战略的有效互动能够提高组织绩效和创新能力(Baird & Meshoulam,1988)。互动导向作为一种重要的战略导向类型,能使企业与顾客快速地互动和沟通,从而促使企业获取外部的知识等资源(Ramani & Kumar,2008)。而这些资源的获取必须通过企业的人力资源管理实践有效地整合利用才能够创造新知识,这些新知识在组织内部传播和共享,最终会影响组织知识整合能力的提升(Paré & Tremblay,2007;Ramani & Kumar,2008)。

　　互动导向促使企业与顾客持续不断地互动,能够从外部获取知识、信息和技术等资源。而高参与工作系统能够充分发挥组织内部员工的积极性和参与性,把组织从外部获取的信息、知识和技术等资源进行有效的整合,并转化为组织内部的知识,进而为组织创造力及绩效的提升奠定基础。由此可见,高参与工作系统与互动导向的互动作用能够对组织知识整合能力产生积极的影响,最终会影响组织创造力及绩效。但目前尚未有研究探讨高参与工作系统与互动导向的互动对于组织创造力及绩效的作用机制。

因此,本章从知识整合能力视角探讨高参与工作系统对组织创造力及绩效的影响。①研究了高参与工作系统对组织知识整合能力的影响;②探讨知识整合能力在高参与工作系统与组织创造力之间的中介作用,以及知识整合能力在高参与工作系统与组织绩效之间的中介作用;③研究在互动导向下高参与工作系统通过知识整合能力影响组织创造力及绩效的间接效应。研究模型如图 4 - 3所示。

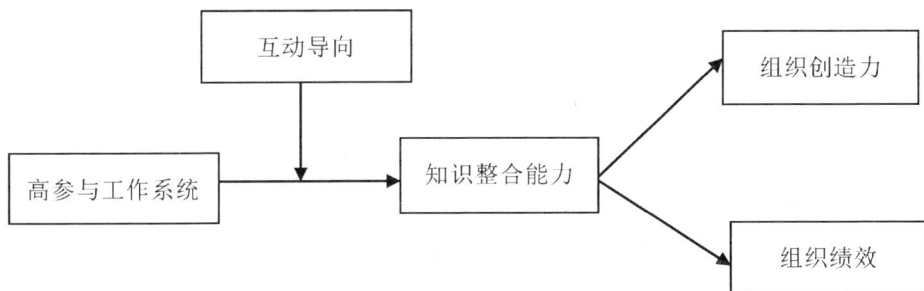

图 4 - 3　研究模型

4.3.2　研究假设

1. 高参与工作系统与知识整合能力

知识整合能力是指运用科学的方法对不同来源、层次、结构的知识进行综合,并对这些知识进行再建构,使单一知识、零散知识、显性和隐性的知识经过整合,从而形成新的知识体系(Henderson & Clark,1990;Boer et al.,1999;谢洪明、葛志良、王成,2008)。组织知识整合能力对于提高组织创新能力和组织绩效具有重要的作用。已有研究探讨了关系资本、社会氛围、知识网络嵌入等因素对于企业知识整合能力的影响(Lin & Chen,2006;Collins & Smith,2006;Carmeli & Azeroual,2009;魏江、徐蕾,2014)。较少的研究探讨了人力资源管理实践对于组织的知识管理能力的影响。知识整合能力是知识管理能力的基础和必要条件,知识整合能力能够将企业获得的隐性知识转化为显性知识,将现有知识不断更新转化为新知识，而在知识整合的过程中，企业的人力资源管理实践发挥着重要的作用（Grant，1996）。

根据资源基础观，知识是组织一种重要的资源。有效地整合这些有价值的、不可被模仿的知识资源是组织获得竞争优势的关键（Wright et al.，2001）。企业的人力资源管理实践能够促进组织内部员工知识的增长，员工的知识在组织内部或团队之间进行共享能够提升组织的社会资本，最终会影响到企业知识整合能力的提升（Wright et al.，2001）。高参与工作系统是一系列人力资源管理实践的系统组合，其中包括认可实践、授权实践、能力发展实践、公平薪酬实践和信息共享实践，而这些实践活动通过影响员工的动机和态度等行为方式，来影响组织内部员工对知识分享的态度，最终影响组织的知识整合能力。本研究认为高参与工作系统能够积极地影响组织的知识整合能力。第一，认可实践活动增强了员工对组织的认同感和组织内部员工之间的信任，这样会促进组织内部的知识共享，从而有利于组织内部之间知识的交流与分享，这样能够使组织内部的隐性知识转化显性知识，进而会影响组织的知识整合能力。第二，授权实践活动可以使员工自主地决定工作内容，以及如何有效率地完成工作任务，授权实践活动增强了员工的组织认同感，这样能促进员工之间的知识交流，增强组织内部的知识整合能力（Andrews & Kacmar，2001）。第三，能力发展实践对知识性员工具有重要的影响，公司所提供的内外部培训机会对于提升员工的知识和技能具有重要的影响。多样化的培训项目能促进员工学习新的技能，开拓员工的视野，训练他们创造性的思维和技能（Nonaka & Takeuchi，1995）。这些培训项目促进了员工共享他们的经验和技能，并使员工将获得的新知识运用到工作当中去，最终影响组织的知识整合能力（Argote et al.，2003；Paré & Tremblay，2007）。第四，信息共享实践可以促使组织内部的信息和知识得到有效的传播，能够使组织内部员工获取信息更加方便和快捷，进而提升其知识整合能力（Lawler，1986；Meyer & Allen，1997）。第五，公平薪酬实践使员工的行为与组织目标具有一致性，当组织的绩效评估标准与员工的工作投入、知识共享和知识的应用相匹配时，这样能够激发员工的知识管理活动，而对于提升创造力、风险承担态度和解决问题能力的薪酬补偿能促进组织内部知识的传播和共享，进而增强组织的知识整合能力（Argote et al.，2003）。

根据以上的理论推导，高参与工作系统通过一系列人力资源实践活动促进员工获取知识、分享知识，并把相关的知识应用组织当中去，同时这些实践活动能够把组织内部的隐性知识转化为显性知识，进而增强组织的知识整合能力。

基于以上的研究,本书提出:

假设 12:高参与工作系统对知识整合能力具有显著正向影响。

2. 知识整合能力与组织创造力及绩效

知识整合能力是指运用科学的方法对不同来源、层次、结构的知识进行综合,并对这些知识进行再建构,使单一知识、零散知识、显性和隐性的知识经过整合,从而形成新的知识体系(Henderson & Clark,1990;Boer et al.,1999;谢洪明、葛志良、王成,2008)。知识整合能力对于整合组织现有的显性或者隐性知识具有重要的作用,尤其部门间的合作与部门内部知识的系统整合对于提升企业的创新能力和获得竞争优势具有重要作用(Boer et al.,1998)。

组织创造力是创造有价值的新产品、新服务、新想法、新程序或新工艺的过程。这是由个体共同工作在一个复杂的社会系统中所创造的,是更广领域的组织创新的一个子集(Woodman et al.,1993)。组织所拥有的知识资源和整合能力是企业产生有价值的想法,并形成解决新产品、新服务、新工艺等有关问题的能力的重要基础(刘新梅等,2013)。根据资源基础观,知识整合能力能够使组织发现和识别外部知识,并使外部的知识融入现有的知识,从而实现知识的交流和共享,这样能够促进组织内部成员知识和技能的提升,进而增加组织内部的人力资本、社会资本和组织资本,而这些智力资本为提升组织创造力奠定基础(Woodman et al.,1993;Boer et al.,1999;刘新梅等,2013)。一方面,组织内部所拥有的知识对于提升组织创造力具有重要的作用。这是因为组织的知识整合能促进个体之间、工作团队以及组织部门之间的知识转移和分享,从而提升组织内部成员解决问题的能力,进而会提升组织创造力(Kogut & Zander,1992;刘新梅等,2011)。另一方面,组织从外界获取知识资源是提升组织创造力一种重要途径。组织在获取外部知识的同时,还需要组织内部的知识整合能力,将获取的这些外部知识在组织内部各部门之间进行扩散和传播,能够转化为组织所需要的知识,进而为组织创造力的提升奠定基础(Garud & Nayyar,1994)。在知识整合的过程中,组织所拥有的知识越多,并将知识以共同的语言形式表达出来,这样就会提升组织的系统化能力,这些系统化能力能促进组织部门之间和员工之间的知识交流和整合,而知识的交流和整合是提升组织创造力的重要基础(Grant,1996;Boer et al.,1999)。因此,根据以上的理论推导,本书提出:

假设 13:知识整合能力对组织创造力具有显著正向影响。

以往学者的研究表明,知识对于企业获得较高的组织绩效和持续竞争优势具有重要作用(Zaim et al.,2007)。Liu 等(2005)研究发现知识对于提升企业绩效具有重要的作用,并验证了知识整合能力是企业获得竞争优势的一种重要方式。其他研究者也认为知识整合能力对组织创新和组织绩效能产生积极的影响。在动态的外部环境下,组织的知识整合能力能够促进组织创新,从而获得较高的组织绩效,最终可以超越竞争对手(Collins & Smith,2006)。知识整合能力可以产生新的知识,而这些知识为组织抓住新的机遇提供了条件,最终会影响组织绩效(Carmeli & Azeroual,2009)。Kogut & Zander(1992)认为知识整合能力能使组织内部不断地运用现有的知识和所获取的外部知识,同时还要加强组织内部人员之间的沟通,这样促使组织内部的知识得到有效的整合和扩散,进而会影响组织创新,最终会影响组织绩效。在全球竞争的环境下,企业要想获得较高的组织绩效,就需要开发适应市场需求的新产品,而新产品的开发需要不断地整合组织内部现有的知识资源(Boer et al.,1999)。因此,根据以上的理论阐述,本书提出:

假设14:知识整合能力对组织绩效具有显著正向影响。

3. 知识整合能力的中介作用

高参与工作系统通过一系列的人力资源管理实践影响员工的积极性和参与性,进而影响组织创造力和组织绩效(Lawler,1992;Collins & Clark,2003)。高参与工作系统可以通过认可实践、授权实践、能力发展实践、公平薪酬实践活动和信息共享实践影响组织知识整合能力。这是由于人力资源管理实践能够影响组织内部员工之间的信息交流和分享,从而增强了组织内部员工之间和部门之间的沟通和协调,促使组织内部不断地整合现有的知识,把隐性的知识转化为显性的知识并在组织内部扩散,这样能创造新的知识,最终对组织的知识整合能力产生积极的影响(Henderson & Clark,1990;Paré & Tremblay,2007)。

知识整合能力主要反映组织运用科学的方法对不同来源、层次、结构的知识进行综合和集成,并对这些知识进行再建构,使单一知识、零散知识、显性和隐性知识经过整合从而形成新的知识体系(Henderson & Clark,1990;Boer et al.,1998)。组织的知识整合能力能够充分地整合组织内部资源,并对现有的知识加以创造形成新的知识,这些知识在组织内部的有效扩散,有利于促进组织内部产生有价值的想法,进而提升了组织成员解决问题的能力,最终会影响组织创造力的提升(Camelo-Ordaz et al.,2011;刘新梅等,2011)。知识整合能力中的系统化能力能使组织内部员工按照工作程序和规则来使用信息化设备,社会化能力能够推动组织将隐性知识整合成显性知识,合作能力能够加强组织内部员工或者团队之间的互动和沟通,并将复杂的显性知识和隐性知识整合成新知识

（Teece et al.，1997；Boer et al.，1999）。知识整合能力能够整合企业的知识资源，进而推进企业的技术创新、管理创新以及产品创新，最终会影响组织绩效（谢洪明、吴隆增、王成，2006）。因此，根据以上的理论阐述，本书提出：

假设 15：高参与工作系统通过知识整合能力显著影响组织创造力。

假设 16：高参与工作系统通过知识整合能力显著影响组织绩效。

4. 互动导向的调节作用

互动导向作为一种全新的战略导向类型，能使企业从顾客、供应商和竞争者那里获得信息和知识，而这些有用的知识和信息必须在组织内部加以整合才可以使用，这些资源的整合离不开企业的人力资源管理实践活动。高参与工作系统通过一系列的人力资源管理实践政策来提升组织内部员工的积极性和参与性，能够把从外部获取的知识和信息进行有效的整合，使企业获得竞争优势（Paré & Tremblay，2007；Ramani & Kumar，2008；Boer et al.，1999）。

根据资源基础观和新制度理论，人力资源管理实践可以促进组织内部资源的有效配置，而组织战略能够促进组织从外部获取资源，人力资源管理实践与组织战略的有效互动对于整合组织的资源具有重要的作用（Wright et al.，2001）。互动导向作为一种重要的战略导向类型，能够促进组织从外部获取信息、知识等资源，这些资源必须在组织内部进行有效的整合，才能使企业获得竞争优势（Boer et al.，1999；Ramani & Kumar，2008）。企业与顾客的互动需要组织内部员工的积极参与，才能提高组织的知识整合能力（Paré & Tremblay，2007；Ramani & Kumar，2008）。一方面，在较强的互动导向下，企业与顾客的互动更加频繁，企业能够及时了解顾客的需求和偏好，使企业从外部获取更多的知识和信息（Ramani & Kumar，2008）。在这种战略导向的指导下，高参与工作系统能够通过一系列人力资源管理实践增强组织内部员工的参与性和积极性，并把组织从外部获取的知识和信息等资源进行有效的整合，进而提升组织的知识整合能力。尤其在信息共享实践方面，企业通过信息共享平台分享从外部获取的知识和信息等资源，这些资源在组织内部有效的传播和共享，最终会促进组织知识整合能力的提升（Boer et al.，1999；Paré & Tremblay，2007）。在较低的互动导向下，企业从顾客、供应商和竞争者那里获得的信息和知识就会减少。高参与工作系统虽然能够调动员工的积极性，但是由于从外部获取的知识和信息较少，在信息共享平台上进行分享、整合知识和信息就会减少，这样企业很难把从外部获取的少量知识和信息进行再开发和利用，进而减弱了自身的知识整合能力（Paré & Tremblay，2007；Andrews & Kacmar，2001）。因此，根据以上的理论

阐述,本书提出:

假设 17:互动导向正向调节高参与工作系统与知识整合能力的关系。

5. 被调节的中介效应

在以上研究的基础上,本书提出互动导向不但调节高参与工作系统与知识整合能力之间的关系,而且还调节高参与工作系统通过知识整合能力影响组织创造力及绩效之间关系的中介作用。根据中介作用和调节作用的理论推导,知识整合能力能解释高参与工作系统对组织创造力和组织绩效影响的中介作用机制。在强互动导向下,高参与工作系统对于组织知识整合能力的影响要高于在低互动导向下的高参与工作系统对于知识整合能力的影响。因此,基于以上的分析,本书提出:

假设 18:互动导向正向调节高参与工作系统对组织创造力影响的间接效
应,即当互动导向强时,高参与工作系统通过知识整合能力影响组
织创造力的间接效应较强。

假设 19:互动导向正向调节高参与工作系统对组织绩效影响的间接效应,
即当互动导向强时,高参与工作系统通过知识整合能力影响组织
绩效的间接效应较强。

第 5 章

研究设计与数据收集

5.1 研究设计

5.1.1 本研究基本概念界定

根据前文的研究,本研究对相关概念进行了界定。

1. 组织创造力

基于 Amabile（1997）创造力成分理论将组织创造力定义为致力于生产有关产品、服务、程序或工艺的有用的新想法的能力。

2. 组织绩效

组织绩效是指衡量企业经营绩效的各种评价指标的总和。这些指标能够系统地反映企业的经营状况。

3. 高参与工作系统

高参与工作系统是指一系列人力资源管理实践的组合,通过授权、能力发展、薪酬激励、信息共享等实践政策增强员工的积极性和参与性,进而使组织产生积极的结果（Paré & Tremblay，2007）。

4. 人力资源柔性

人力资源柔性主要关注员工的知识、技能和行为能否适应内外部环境的变化（Beltrán-Martín et al.，2008）。

5. 知识整合能力

知识整合能力是系统化、社会化和合作化三种能力的综合,是将显性知识、隐性知识等整合成新知识的能力（Boer et al.，1998）。

6. 组织集体主义

组织集体主义是指组织强调员工之间的相互依赖和合作，以及组织内部的和谐和依附感，并能够实现集体目标的一种文化价值观（Robert & Wasti，2002）。

7. 互动导向

互动导向是指企业与个体顾客进行的互动，通过不断的互动从顾客那里获取信息以形成有价值的顾客关系的能力（Ramani & Kumar，2008）。

5.1.2　研究内容

本书的研究内容主要聚焦在高参与工作系统对组织创造力及绩效的影响机理上。本研究以资源基础观和新制度理论为基础，在修订高参与工作系统量表的基础上，提出了三个关键问题。首先，探讨高参与工作系统对组织创造力及绩效的影响，以及组织创造力的中介作用。其次，从人力资源柔性视角探讨高参与工作系统对组织创造力及绩效的作用机理，并探讨人力资源柔性的中介作用，以及组织集体主义的调节效应。最后，从知识整合能力视角探讨高参与工作系统对组织创造力及绩效的作用机理，识别知识整合能力的中介作用，并探讨互动导向的调节效应。

5.1.3　测量量表

考虑到量表的适用性，除了高参与工作系统量表外，本书所使用的其他测量量表均采用中文表述，并遵循 Back-Transaction 方法进行翻译。管理者问卷和员工问卷均采用李克特 5 点评分制。其中，1 代表非常不同意，2 代表不同意，3 代表一般，4 代表同意，5 代表非常同意。

1. 高参与工作系统

本研究主要参考 Paré & Tremblay（2007）开发的量表，考虑到量表的适用性，本研究在访谈的基础上对该量表进行修订，删减后的高参与工作系统测量量表共计 26 个条目。

2. 组织创造力

本研究主要参考 Lee & Choi（2003）开发的量表。该量表充分展示了组织创造力的内涵，共计 5 个条目。

3. 组织绩效

本研究主要参考 Tan & Litsschert（1994）开发的量表，此量表较好地反映了组织绩效的内涵，共计 7 个条目。

4. 人力资源柔性

本研究参考 Beltrán-Martín 等(2008)开发的量表,分别从职能柔性、技能柔性和行为柔性三个维度测量人力资源柔性,共计 9 个条目。

5. 知识整合能力

本研究主要参考 Kogut & Zander（1992）、Boer 等（1999）和谢洪明等(2008)设计的量表,分别从知识社会化、知识系统化和知识合作化三个维度测量组织的知识整合能力,共计 12 个条目。

6. 组织集体主义

本研究主要参考 Robert & Wasti（2002)开发的量表,共计有 7 个条目用来测量组织集体主义。

7. 互动导向

互动导向的测量采用 Ramani & Kumar（2008）开发的量表,该量表包括四个维度:顾客概念、互动反应能力、顾客授权和顾客价值管理,共计 9 个条目。

8. 控制变量

已有学者研究指出企业性质(Zahra,1996)、成立年限(Mezias & Mezias,2000)、企业规模(Damanpour,1991)、所处行业(Damanpour,1991)和企业发展阶段(耿紫珍等,2012)会影响到组织创造力,因此,在研究过程中将它们作为控制变量。企业成立年限划分为 5 个级别:1 代表"2 年以下",2 代表"2～5 年",3 代表"6～10 年",4 代表"11～15 年",5 代表"15 年以上";企业规模将按员工数量划分为 7 个级别:1 代表"50 人以下",2 代表"50～100 人",3 代表"101～200 人",4 代表"201～500 人",5 代表"501～1 000 人",6 代表"1 001～2 000 人",7 代表"2 000 人以上";企业发展阶段分为 5 个级别:创业期、发展期、迅速扩张期、成熟期和衰退期,其中 1 代表创业期,2 代表发展期,3 代表迅速扩张期,4 代表成熟期,5 代表衰退期;企业性质分为国有、民营、外资和其他 4 种类型,采用 3 个 0－1 型虚拟变量进行控制;行业被划分为制造业、服务业、高新技术产业、IT 行业以及其他行业 5 个类别,也采用 3 个 0－1 型虚拟变量进行控制。

5.1.4　共同方法偏差控制与检验

为了尽量减少共同方法偏差的影响,本研究采取以下 4 种措施减少其对结果的影响:①数据来源于企业的员工和中高层管理者。在研究设计的过程中,将问卷分为员工问卷和管理者问卷。由于数据分别来源于员工和管理者,这在一定程度上减少了共同方法偏差的产生。②将问卷的预测变量和效标变量在问卷上进行适当的空间分离，从而减少了共同方法偏差的影响。③强调问卷调研的目的和严格的保密性。在调研的问卷上重点标出"此调查旨在研究我国企业人力资源管理对组织创造力的影响，研究结果为改进企业创新管理提供依据。请根据企业实际情况填写。我们将为您严格保密。研究报告不含任何个人资料及数据"，并在调研的过程中强调调查结果的保密性。④尽管调研数据来源于员工和中高层管理者，为了检验同源方差的影响，在结果验证的过程中采用 Harman 单因子检验法验证同源方差的变异是否影响结果。

5.1.5 分析方法

本研究使用信度分析检验因子信度，通过探索性因子分析检验所测变量的因子结构，采用验证性因子分析检验量表的整体模式适配度，以验证变量的聚合效度与区分效度，并运用相关性分析验证变量是否存在着依存关系，如 Baron & Kenny（1986）的中介检验方法、调节检验方法以及被调节的中介检验方法验证相关假设。

1. 信度分析

信度是指对同一对象进行重复测量时，所得结果的一致性程度（刘军，2008）。信度是对量表的一致性或稳定性的衡量。常用于评价内在一致性的信度指标是 Cronbach's α。Cronbach's α 值越大，说明测量题项间的相关性越强，即说明这些测量题项确实反映了要测量的内容域。有学者指出 Cronbach's α 至少应大于 0.7，才能满足测量要求（Nunnally，1978）。

2. 探索性因子分析

探索性因子分析是从一组具有共同特性的测量题项中提取背后潜在构念的统计技术。探索性因子分析的数学原理是协方差的提取。本研究采取主成分分析法提取公共因子，但 Hinkin（1998）认为主成分分析法包含了共同方差、特定方差和随机误差。因此，根据 Hinkin（1998）的建议，本书采用主轴旋转的方法提取公因子。

3. 验证性因子分析

验证性因子分析主要通过一系列的指标来验证理论模型与数据的匹配程度。邱浩政（2004）指出这些指标主要包括了四部分：①卡方检验 P 值与 X^2/df 值；②适合度指标 GFI、NFI、NNFI 等；③替代性指标 NCP、CFI、RMSEA 等；④残差分析指标 RMR、SRMR 等。根据应用的普遍性，本研究采用 X^2/df、RMSEA、GFI、NFI 等指标来进行验证性因子分析，以便验证量表的结构效度。

根据以前学者的研究,一般认为 X^2/df 值小于 3 时,表示模型有良好的拟合度(Carmines & Mciver,1981)。近似误差均方根是近年来广泛被采纳的指数,RMSEA 的数值越大,表示模型越不理想。学者们普遍认为 RMSEA 小于 0.08是比较理想的模型(Hu & Bentler,1999)。GFI、IFI、CFI 等指标介于 0 与 1 之间,其数值越大,代表模型越理想,一般要求这些指标的值在 0.90 以上,说明数据与模型拟合程度较好(Hu & Bentler,1999)。

4.中介检验方法

为了检验中介变量是否存在,本研究采用 Baron & Kenny(1986)提出的中介检验步骤:①检验自变量与结果变量的关系是否显著;②检验自变量与中介变量的关系是否显著;③检验自变量、中介变量与结果变量的关系是否显著。当第三步检验发现自变量、中介变量与结果变量关系都显著时,说明它们之间存在部分中介作用;如果自变量与结果变量关系不显著,则说明它们之间存在完全中介作用。

5.调节效应检验

在调节机制的检验上,首先对自变量和调节变量进行中心化处理;其次,将两个中心化处理后的变量进行乘积运算,得到一个新变量的作用交互项;最后,进行回归分析。

6.被调节的中介检验

在被调节的中介检验上,本研究采用 Preacher,Rucker,& Hayes(2007)和 Hayes(2013)所提出的方法,对模型进行 Bootstrapping 检验。这种方法是通过蒙特卡罗模拟的计算方式来创建参数自主法的抽样分布和置信区间,以回归系数和标准误差为基础来检验单层次间接效应。当间接效应的 95% 置信区间中不包括零时,表明被调节的中介效应成立。

5.1.6　问卷设计

本节重点设计研究所需要的问卷,确定调查对象的选取方法,然后对相关研究变量进行测试,并对调查问卷的信度和效度进行检验。在此基础上对问卷进行合理的修订,最终确定科学的测量量表。最后使用正式问卷进行调研,并对收集的样本进行描述性统计分析。

1.问卷设计过程

根据以上章节的文献回顾和相关概念的界定,本研究的问卷设计流程如下。

(1)界定和汇总所研究变量的相关概念和内涵。在文献回顾的基础上,结合本书研究的内容,对研究的相关变量进行界定,并明确所测变量的操作性定义。

（2）结合现有文献选择合适的测量量表。在检索文献的基础上,寻找常用的量表,并根据测量量表的信度和效度,选择合适的量表。

（3）对调查的量表进行翻译。在研究的过程中,加强团队合作并对量表进行双向翻译,使量表更加准确。

（4）对调查问题进行合理的空间安排,在每一部分调研问题前撰写指导语。同时为了减少同源方法偏差,在问卷设计的过程中将预测变量和效标变量在空间上进行适当的分离。在问卷的开头介绍调查的目的和填写的注意事项,并强调调查的结果仅用于学术研究,严格保密,使填写者放心填答问卷。在收集问卷的过程中,从员工和管理者处同时收集数据,从而减少了同源方法偏差对结果的影响。

2. 问卷结构

调查问卷分为员工问卷和管理者问卷。员工问卷主要包括高参与工作系统、组织集体主义以及员工的基本信息;管理者问卷主要包括人力资源柔性、知识整合能力、互动导向、组织创造力和组织绩效,以及企业的基本信息。由于问卷调查样本来自企业的员工和中高层管理者,从而减少了同源方法偏差对结果的影响。

5.2　数据收集

5.2.1　预测试

1. 预测试问卷发放、回收与样本结构分析

1）预测试问卷的发放与回收

预测试调研的样本主要来自上海、广州、浙江等地区的企业员工和中高层管理者,所涉及的行业主要包括制造业、服务业、高新技术产业、IT 等行业。被调查的企业主要包括上海对外服务有限公司、中海油轮运输有限公司、上海东航食品有限公司、华为技术有限公司、亚仕龙汽车科技（上海）有限公司、广州汽车集团股份有限公司、联创汽车电子有限公司、广州爵银信息科技有限公司、光大永明人寿保险有限公司等。企业类型主要包括国有企业、民营企业、外资企业等。

问卷采用现场发放与电子邮件发放两种形式。①现场调查方式。笔者首先向被试企业的人力资源部经理说明调查目的和方案,在该人力资源部经理的陪同下,将问卷分别发放给 3 位中高层管理人员和 5～10 位员工填写,最后人力资

源部经理以组织为单位,将管理人员问卷与员工问卷收回一并整理,成为完整的一套组织调查问卷。该部分调查主要使用纸质问卷进行调查。②电子邮件调查方式。由笔者直接联系相关企业的中高层管理人员,由中高层管理者向 3 位中高层管理人员和 5 位以上的员工发放电子问卷,作为联系人的中高层管理人员熟知问卷调查流程,并在调查过程中与笔者保持密切且顺畅的沟通,以保证问卷的有效性。

2)样本结构分析

预测试发放 120 套问卷,回收 110 套问卷,其中有效问卷有 102 套。被调查企业样本描述性统计分析如表 5-1 所示。在企业性质方面,国有企业占比为 27.5%,民营企业占比为 49.0%,外资企业占比为 19.6%,其他企业占比为 3.9%;在企业成立年限方面,成立 2 年以下的企业占比为 4.9%,成立 2～5 年的占比为 17.6%,成立 6～10 年的占比为 17.6%,成立 11～15 年的占比为 19.6%,成立 15 年以上的占比为 40.2%;从企业规模上看,50 人以下的企业占比为 17.6%,50～100 人的企业占比为 9.8%,101～200 人的企业占比为 10.8%,201～500 人的占比为 15.7%,501～1 000 人的占比为 4.9%,1 001～2 000 人的占比为 3.9%,2 000 人以上的企业占比为 37.3%;在行业类型方面,制造业占比为 33.3%,服务业占比为 31.4%,高新技术产业占比为 16.7%,IT 行业占比为 2.0%,其他行业占比为 16.7%;在企业发展阶段方面,处于创业期的企业占比为 3.9%,发展期的占比为 41.2%,处于迅速扩张期的占比为 15.7%,处于成熟期的占比为 37.3%,处于衰退期的占比为 2.0%。

表 5-1 预测样本结构分析(N=102)

企业样本特征	类别	数量	百分比/%
企业性质	国有企业	28	27.5
	民营企业	50	49.0
	外资企业	20	19.6
	其他	4	3.9
成立年限	2 年以下	5	4.9
	2～5 年	18	17.6
	6～10 年	18	17.6
	11～15 年	20	19.6
	15 年以上	41	40.2

（续表）

企业样本特征	类别	数量	百分比/%
企业规模	50 人以下	18	17.6
	50～100 人	10	9.8
	101～200 人	11	10.8
	201～500 人	16	15.7
	501～1 000 人	5	4.9
	1 001～2 000 人	4	3.9
	2 000 人以上	38	37.3
行业类型	制造业	34	33.3
	服务业	32	31.4
	高新技术产业	17	16.7
	IT 行业	2	2.0
	其他行业	17	16.7
企业发展阶段	创业期	4	3.9
	发展期	42	41.2
	迅速扩张期	16	15.7
	成熟期	38	37.3
	衰退期	2	2.0

2. 问卷条目评估

1）问卷条目的评估方法

本研究采用信度和效度对问卷的测试条目进行评估。本研究通过 Cronbach's α 信度系数进行信度检验,并在此基础上进行探索性因子分析验证测量变量的效度,最终确定测量变量的条目。Cronbach's α 信度系数检验通常要大于 0.7,表明内在一致性较好(见表 5 - 2)。

在探索性因子分析的过程中采用主成分分析法,对每一个概念进行因素抽取,并采用正交旋转的方差最大法来进行验证,最终确定测量条目的因子载荷。在探索性因子分析的过程中,采用 KMO 指标与 Bartlett 球形检验这两个指标,来说明测量指标的效度。其中,KMO 的值通常应该大于 0.7,Bartlett 球形检验应该达到 0.05 的显著水平。

表 5 - 2　预测试信度分析结果

变量		条目	该条目删除后量表均值	该条目删除后量表方差	CITC	该条目删除后量表 α	α 系数
高参与工作系统	认可实践	认可实践①	17.96	19.391	0.603	0.860	0.955
		认可实践②	18.06	18.224	0.717	0.842	
		认可实践③	17.74	19.338	0.625	0.857	
		认可实践④	17.79	18.755	0.710	0.844	
		认可实践⑤	18.36	17.387	0.669	0.851	
		认可实践⑥	18.20	17.176	0.724	0.840	
	授权实践	授权实践①	7.08	3.803	0.698	0.767	
		授权实践②	7.34	3.878	0.708	0.757	
		授权实践③	7.12	4.032	0.678	0.786	
	能力发展实践	能力发展实践①	15.15	11.486	0.653	0.842	
		能力发展实践③	15.37	11.042	0.637	0.850	
		能力发展实践④	15.00	11.652	0.734	0.822	
		能力发展实践⑤	15.06	12.165	0.682	0.835	
		能力发展实践⑥	15.01	11.740	0.735	0.822	
	公平薪酬实践	公平薪酬实践①	14.59	11.413	0.790	0.843	
		公平薪酬实践②	14.57	11.493	0.757	0.851	
		公平薪酬实践③	14.35	12.759	0.645	0.876	
		公平薪酬实践④	14.63	11.876	0.696	0.865	
		公平薪酬实践⑤	14.71	11.548	0.719	0.860	
	信息共享实践	信息共享实践①	20.23	33.464	0.725	0.892	
		信息共享实践②	20.61	32.154	0.727	0.892	
		信息共享实践③	20.22	33.560	0.721	0.892	
		信息共享实践④	20.33	32.389	0.794	0.884	
		信息共享实践⑤	20.24	33.780	0.744	0.890	
		信息共享实践⑦	20.24	34.872	0.642	0.901	
		信息共享实践⑨	20.07	34.732	0.693	0.895	
组织创造力		组织创造力①	14.94	11.968	0.656	0.907	0.906
		组织创造力②	15.06	10.981	0.809	0.876	
		组织创造力③	14.85	10.902	0.801	0.877	
		组织创造力④	14.93	11.060	0.822	0.874	
		组织创造力⑤	15.02	10.967	0.740	0.891	

（续表）

变量		条目	该条目删除后量表均值	该条目删除后量表方差	CITC	该条目删除后量表 α	α 系数
组织绩效		组织绩效①	21.41	21.106	0.686	0.875	0.891
		组织绩效②	21.25	21.277	0.726	0.870	
		组织绩效③	21.41	20.742	0.746	0.867	
		组织绩效④	21.37	21.371	0.663	0.878	
		组织绩效⑤	21.20	22.412	0.579	0.887	
		组织绩效⑥	21.26	21.227	0.744	0.868	
		组织绩效⑦	21.10	21.841	0.667	0.877	
人力资源柔性	职能柔性	职能柔性①	27.94	28.007	0.502	0.836	0.846
		职能柔性②	28.31	25.917	0.695	0.816	
		职能柔性③	28.34	26.648	0.586	0.827	
	技能柔性	技能柔性①	28.04	27.524	0.498	0.836	
		技能柔性②	27.97	26.986	0.629	0.824	
		技能柔性③	27.75	28.186	0.462	0.840	
	行为柔性	行为柔性②	28.83	26.859	0.467	0.842	
		行为柔性③	28.52	25.231	0.659	0.819	
		行为柔性④	28.65	25.663	0.586	0.828	
知识整合能力	知识社会化	知识社会化①	10.99	6.604	0.611	0.852	0.914
		知识社会化②	10.44	6.896	0.751	0.784	
		知识社会化④	10.52	6.945	0.710	0.800	
		知识社会化⑤	10.56	7.182	0.709	0.802	
	知识系统化	知识系统化①	15.15	9.813	0.658	0.832	
		知识系统化②	15.12	9.528	0.729	0.815	
		知识系统化③	15.28	9.091	0.757	0.806	
		知识系统化④	15.30	9.444	0.657	0.833	
		知识系统化⑤	15.26	10.278	0.573	0.853	
	知识合作化	知识合作化②	7.15	2.837	0.630	0.723	
		知识合作化③	7.30	2.840	0.689	0.663	
		知识合作化④	7.16	2.898	0.589	0.769	

（续表）

变量		条目	该条目删除后量表均值	该条目删除后量表方差	CITC	该条目删除后量表 α	α 系数
组织集体主义		组织集体主义①	22.21	24.583	0.725	0.885	0.901
		组织集体主义②	22.34	24.809	0.721	0.885	
		组织集体主义③	22.51	23.739	0.763	0.880	
		组织集体主义④	22.52	24.182	0.723	0.885	
		组织集体主义⑤	22.50	24.029	0.735	0.883	
		组织集体主义⑥	22.18	24.907	0.652	0.893	
		组织集体主义⑦	22.72	23.862	0.654	0.894	
互动导向	顾客概念	顾客概念②	29.45	32.729	0.528	0.825	0.839
		顾客概念③	29.83	33.060	0.443	0.834	
	互动反应能力	互动反应能力①	29.31	30.994	0.533	0.825	
		互动反应能力②	29.18	32.060	0.525	0.825	
	顾客授权	顾客授权①	29.28	32.331	0.541	0.823	
		顾客授权②	29.35	31.844	0.560	0.821	
	顾客价值管理	顾客价值管理①	29.40	30.839	0.614	0.815	
		顾客价值管理②	29.67	30.904	0.631	0.813	
		顾客价值管理③	29.72	31.196	0.578	0.819	

2）问卷条目验证结果分析

（1）高参与工作系统。高参与工作系统包括认可实践、授权实践、能力发展实践、公平薪酬实践和信息共享实践 5 个维度，共计 26 个条目。其中，KMO 值和 Bartlett 球形检验结果显示：KMO 值为 0.953，Bartlett 球形检验的显著性为 0.000。本研究采用主成分分析及 Varimax 最大方差旋转方法对高参与工作系统进行探索性因子分析，结果如表 5-3 所示，高参与工作系统的总解释方差为 67.45%，高参与工作系统测量指标的因子载荷均大于 0.5，表明该量表具有良好的收敛效度。

（2）组织创造力。组织创造力共有 5 个条目。KMO 值和 Bartlett 球形检验结果显示：KMO 值为 0.851，Bartlett 球形检验的显著性为 0.000。探索性因子分析显示，组织创造力单因子模型的解释方差为 72.96%，组织创造力的因子载荷均大于 0.5，说明该量表具有良好的收敛效度。

（3）组织绩效。组织绩效共有 7 个条目。KMO 值和 Bartlett 球形检验结果显示：KMO 值为 0.820，Bartlett 球形检验的显著性为 0.000。探索性因子分析显示，组织绩效单因子模型的解释方差为 60.63%，组织绩效的因子载荷均大于 0.5，表明该量表具有良好的收敛效度。

（4）人力资源柔性。人力资源柔性包括职能柔性、技能柔性和行为柔性 3 个维度，共计 9 个条目。由于因子载荷小于 0.4，删除技能柔性④和行为柔性①。其中，KMO 值和 Bartlett 球形检验结果显示：KMO 值为 0.864，Bartlett 球形检验的显著性为 0.000。本研究采用主成分分析及 Varimax 最大方差旋转方法对人力资源柔性进行探索性因子分析，结果如表 5 - 3 所示，人力资源柔性的总解释方差为 68.62%，人力资源柔性测量指标的因子载荷均大于 0.5，说明该量表具有良好的收敛效度。

（5）知识整合能力。知识整合能力包括知识社会化、知识系统化和知识合作化 3 个维度，共计 12 个条目。由于知识社会化③、知识社会化⑥、知识合作化①、知识合作化⑤的因子载荷小于 0.4，所以删除这 4 个条目。其中，KMO 值和 Bartlett 球形检验结果显示：KMO 值为 0.921，Bartlett 球形检验的显著性为 0.000。本研究采用主成分分析及 Varimax 最大方差旋转方法对知识整合能力进行探索性因子分析，结果如表 5 - 3 所示，知识整合能力的总解释方差为 69.15%，知识整合能力测量指标的因子载荷均大于 0.5，说明该量表具有良好的收敛效度。

（6）组织集体主义。组织集体主义共有 7 个条目。KMO 值和 Bartlett 球形检验结果显示：KMO 值为 0.910，Bartlett 球形检验的显著性为 0.000。探索性因子分析显示，组织集体主义单因子模型的解释方差为 63.14%，组织集体主义的因子载荷均大于 0.5，表明该量表具有良好的收敛效度。

（7）互动导向。互动导向包括顾客概念、互动反应能力、顾客授权和顾客价值管理 4 个维度，共计 9 个条目。删除因子载荷小于 0.4 的条目，即顾客概念①、顾客授权③、互动反应能力③、互动反应能力④。其中，KMO 值和 Bartlett 球形检验结果显示：KMO 值为 0.822，Bartlett 球形检验的显著性为 0.000。本研究采用主成分分析及 Varimax 最大方差旋转方法对互动导向进行探索性因子分析，结果如表 5 - 3 所示，互动导向测量指标的因子载荷均大于 0.5，说明该量表具有良好的收敛效度。

表 5 - 3　预测试探索性因子分析结果

变量		条目	因子 1	因子 2	因子 3	因子 4	因子 5	总变异解释
高参与工作系统	认可实践	认可实践①	0.203	**0.522**	0.427	0.088	0.227	67.45%
		认可实践②	0.233	**0.697**	0.314	0.065	0.218	
		认可实践③	0.187	**0.603**	0.174	0.373	0.114	
		认可实践④	0.098	**0.708**	0.297	0.344	0.053	
		认可实践⑤	0.358	**0.651**	0.038	0.224	0.245	
		认可实践⑥	0.302	**0.667**	0.191	0.202	0.266	
	授权实践	授权实践①	0.261	0.153	0.200	0.164	**0.771**	
		授权实践②	0.196	0.343	0.224	0.128	**0.737**	
		授权实践③	0.110	0.179	0.294	0.259	**0.733**	
	能力发展实践	能力发展实践①	0.219	0.379	0.255	**0.501**	0.270	
		能力发展实践③	0.446	0.332	0.043	**0.521**	0.205	
		能力发展实践④	0.240	0.212	0.140	**0.782**	0.155	
		能力发展实践⑤	0.225	0.197	0.332	**0.675**	0.153	
		能力发展实践⑥	0.193	0.193	0.322	**0.744**	0.133	
	公平薪酬实践	公平薪酬实践①	0.226	0.199	**0.744**	0.259	0.243	
		公平薪酬实践②	0.285	0.224	**0.730**	0.185	0.167	
		公平薪酬实践③	0.161	0.191	**0.621**	0.329	0.201	
		公平薪酬实践④	0.334	0.229	**0.628**	0.191	0.166	
		公平薪酬实践⑤	0.369	0.247	**0.633**	0.138	0.217	
	信息共享实践	信息共享实践①	**0.680**	0.196	0.227	0.225	0.220	
		信息共享实践②	**0.789**	0.171	0.123	0.073	0.186	
		信息共享实践③	**0.748**	0.181	0.248	0.095	0.038	
		信息共享实践④	**0.796**	0.159	0.167	0.220	0.155	
		信息共享实践⑤	**0.709**	0.174	0.270	0.208	0.137	
		信息共享实践⑦	**0.539**	0.394	0.324	0.197	− 0.005	
		信息共享实践⑨	**0.637**	0.174	0.225	0.273	0.149	
组织创造力		组织创造力①	**0.769**					72.96%
		组织创造力②	**0.885**					
		组织创造力③	**0.881**					
		组织创造力④	**0.893**					
		组织创造力⑤	**0.837**					

（续表）

变量		条目	因子 1	因子 2	因子 3	因子 4	因子 5	总变异解释
组织绩效		组织绩效①	0.781					60.63%
		组织绩效②	0.811					
		组织绩效③	0.825					
		组织绩效④	0.758					
		组织绩效⑤	0.684					
		组织绩效⑥	0.823					
		组织绩效⑦	0.759					
人力资源柔性	职能柔性	职能柔性①	0.061	0.886	0.094			68.62%
		职能柔性②	0.372	0.742	0.228			
		职能柔性③	0.350	0.531	0.311			
	技能柔性	技能柔性①	0.187	0.158	0.783			
		技能柔性②	0.152	0.581	0.565			
		技能柔性③	0.100	0.163	0.805			
	行为柔性	行为柔性②	0.818	0.087	0.052			
		行为柔性③	0.744	0.315	0.209			
		行为柔性④	0.816	0.164	0.180			
知识整合能力	知识社会化	知识社会化①	0.776	0.072	0.209			69.15%
		知识社会化②	0.763	0.318	0.276			
		知识社会化④	0.723	0.345	0.200			
		知识社会化⑤	0.773	0.255	0.214			
	知识系统化	知识系统化①	0.420	0.743	0.080			
		知识系统化②	0.205	0.818	0.219			
		知识系统化③	0.230	0.745	0.359			
		知识系统化④	0.222	0.610	0.429			
		知识系统化⑤	0.048	0.512	0.555			
	知识合作化	知识合作化②	0.270	0.332	0.684			
		知识合作化③	0.240	0.263	0.790			
		知识合作化④	0.438	0.094	0.695			

（续表）

变量		条目	因子 1	因子 2	因子 3	因子 4	因子 5	总变异解释
组织集体主义		组织集体主义①	**0.810**					63.14%
		组织集体主义②	**0.805**					
		组织集体主义③	**0.837**					
		组织集体主义④	**0.805**					
		组织集体主义⑤	**0.814**					
		组织集体主义⑥	**0.742**					
		组织集体主义⑦	**0.743**					
互动导向	顾客概念	顾客概念②	0.076	0.279	0.255	**0.775**		78.66%
		顾客概念③	0.237	0.072	0.036	**0.860**		
	互动反应能力	互动反应能力①	0.138	0.196	**0.857**	0.141		
		互动反应能力②	0.237	0.067	**0.866**	0.110		
	顾客授权	顾客授权①	0.224	**0.874**	0.121	0.077		
		顾客授权②	0.150	**0.828**	0.133	0.259		
	顾客价值管理	顾客价值管理①	**0.624**	0.370	0.275	0.097		
		顾客价值管理②	**0.868**	0.151	0.255	0.067		
		顾客价值管理③	**0.847**	0.111	0.048	0.273		

3. 预测试量表的修订

根据以上的分析，本研究删除人力资源柔性、知识整合能力和互动导向中因子载荷较小的条目，各研究变量的条目和信度如表 5 - 4 所示。

表 5 - 4　预测试量表修订后的信度

变　　量	维　度	测量条目数	α 系数
高参与工作系统	5	26	0.955
人力资源柔性	3	9	0.846
知识整合能力	3	12	0.914
互动导向	4	9	0.839
组织集体主义	1	7	0.901
组织创造力	1	5	0.906
组织绩效	1	7	0.891

5.2.2 正式问卷调查

1. 正式问卷的发放与回收

本研究在预测试调研的基础上，于 2015 年 9 月完成了正式问卷的调查。问卷调研采用套问卷形式，分别针对企业的普通员工和中高层管理者。调研的企业主要包括国有企业、民营企业、外资企业等类型；调查的企业包括上海对外服务有限公司、华为技术有限公司、联合汽车电子有限公司、亚仕龙汽车科技（上海）有限公司、联创汽车电子有限公司、上海东航食品有限公司、北京京东方显示技术有限公司、中海油轮运输有限公司、通联支付网络服务有限公司、高田汽配制造有限公司、昆山华新电路板有限公司、德邦物流股份有限公司、中石化南京工程有限公司、西门子（中国）有限公司等；所涉及的行业主要包括制造业、服务业、高新技术产业等；企业成立年限大部分都是 5 年以上，收集的问卷大部分来自大中型企业，样本具有很好的代表性。

2. 正式样本结构分析

本研究采用问卷调查的方式对北京、上海、广州、江苏和浙江等地区 187 家分属不同行业的不同所有制类型的企业进行了调研。问卷分为中高层管理者问卷和员工问卷。在每家企业中发放 3～5 份中高层管理者问卷和 5～10 份员工问卷。最终共回收有效匹配问卷 159 套，含 484 份中高层管理者问卷和 776 份员工问卷，问卷有效率为 85.03%。

被调查的企业样本描述性统计分析如表 5-5 所示。在企业性质方面，国有企业占比为 27.0%，民营企业占比为 49.7%，外资企业占比为 18.9%，其他类型的企业占比为 4.4%；在企业成立年限方面，成立 2 年以下的企业占比为 5.0%，成立 2～5 年的占比为 13.8%，成立 6～10 年的占比为 15.7%，成立 11～15 年的占比为 24.5%，成立 15 年以上的占比为 40.9%；从企业规模上看，50 人以下的企业占比为 16.4%，50～100 人的企业占比为 8.8%，101～200 人的企业占比为 10.1%，201～500 人的企业占比为 16.4%，501～1 000 人的企业占比为 6.3%，1 001～2 000 的占比为 5.7%，2 000 人以上的企业占比为 36.5%；在行业类型方面，制造业占比为 30.8%，服务业占比为 35.8%，高新技术产业占比为 14.5%，IT 行业占比为 4.4%，其他行业占比为 14.5%；在企业发展阶段方面，创业期的企业占比为 5.7%，发展期的企业占比为 34.0%，迅速扩张期的企业占比为 20.1%，成熟期的企业占比为 37.7%，衰退期的企业占比为 2.5%。

表 5 - 5 正式样本结构分析($N = 159$)

企业样本特征	类别	数量	百分比/%
企业性质	国有企业	43	27.0
	民营企业	79	49.7
	外资企业	30	18.9
	其他	7	4.4
企业成立年限	2 年以下	8	5.0
	2～5 年	22	13.8
	6～10 年	25	15.7
	11～15 年	39	24.5
	15 年以上	65	40.9
企业规模	50 人以下	26	16.4
	50～100 人	14	8.8
	101～200 人	16	10.1
	201～500 人	26	16.4
	501～1 000 人	10	6.3
	1 001～2 000 人	9	5.7
	2 000 人以上	58	36.5
行业类型	制造业	49	30.8
	服务业	57	35.8
	高新技术产业	23	14.5
	IT 行业	7	4.4
	其他行业	23	14.5
企业发展阶段	创业期	9	5.7
	发展期	54	34.0
	迅速扩张期	32	20.1
	成熟期	60	37.7
	衰退期	4	2.5

第6章

研究结果与分析

6.1　高参与工作系统对组织创造力及绩效的作用检验

6.1.1　信度和效度分析

由于高参与工系统、组织创造力和组织绩效均是组织层次的变量,需要聚合组织中个体的评分来获得。聚合后高参与工作系统、组织创造力及组织绩效三个量表的 RWG 值分别为 0.928、0.937、0.935,均大于 0.7(James et al.,1984),说明这三个变量均具有足够的组内一致性,三个变量的聚合效果均较好。

高参与工作系统的 5 个维度——认可实践、授权实践、能力发展实践、公平薪酬实践和信息共享实践的 α 系数分别为 0.865,0.836,0.847,0.876,0.893。高参与工作系统的总信度为 0.952,组织创造力的 α 系数为 0.900,组织绩效的 α 系数为 0.886,说明该量表具有良好的信度。

高参与工作系统的二阶验证性因子分析测量模型拟合指数:$X^2/\mathrm{d}f = 3.563$,$RMSEA = 0.058$,$CFI = 0.937$,$TLI = 0.930$;组织创造力验证性因子分析测量模型拟合指数:$X^2/\mathrm{d}f = 2.152$,$RMSEA = 0.049$,$CFI = 0.997$,$TLI = 0.982$;组织绩效验证性因子分析测量模型拟合指数:$X^2/\mathrm{d}f = 3.294$,$RMSEA = 0.068$,$CFI = 0.986$,$TLI = 0.971$,说明测量模型的拟合指数都很好。随后根据因子载荷计算每个变量的 AVE,并比较每个构念与其测量项目间共享的方差和该构念与其他构念间共享的方差,若各变量的平均方差抽取量 AVE 达到0.5,则表明其所有测量均具有较好的聚合效度,同时若各变量 AVE 的平方根大于该变量与其他变量的相关系数,则表示该变量与其他变量间具有较好的区分效度。

其中,高参与工作系统、组织创造力和组织绩效的 AVE 值分别为:0.728、0.635 和 0.510,三个变量的 AVE 的值都大于 0.5。AVE 的平方根都大于该变量和其他变量间的相关系数,说明变量具有良好的区分效度。

为了进一步验证各变量间的区分效度,本研究首先构建了包含三个潜变量的结构方程模型作为基准模型,通过合并相关潜变量,生成并比较三种不同的因子测量模型。从表 6-1 所示的结果可以判定,拟合指数支持三因子模型最优,证实三个潜变量在测量上是可以区分的。

本研究采用 Harman 单因子测试进一步检验可能存在的共同方法变异 (common method variance)。如果一个总因子的特征值在变量中占有绝大多数协方差的比率,则表明存在显著的共同方法变异(Podsakoff & Organ,1986)。对本节测量变量的所有项目进行主因子分析,发现有 7 个因子的特征值都大于 1,总的贡献率为 73.66%,其中第一个因子的方差解释率为 16.31%,没有发现单一的因子,也没有发现哪一个因子的方差比率占绝大多数,因此,我们认为共同方法变异对结果不会产生很大的影响。

表 6-1　测量模型比较结果

模型	因子结构	X^2	df	X^2/df	$\triangle X^2$	RMSEA	CFI	TLI	IFI
基准模型	三因子	244.983	111	2.207		0.087	0.928	0.912	0.929
模型 1	1 与 2 合并	606.542	113	5.368	361.559***	0.166	0.734	0.680	0.737
模型 2	2 与 3 合并	478.271	113	4.232	233.288***	0.143	0.803	0.763	0.806
模型 3	1、2 与 3 合并	867.014	114	7.605	622.031***	0.204	0.594	0.516	0.599

注:*** 表示 $p<0.001$;因子结构中 1、2、3 分别代表高参与工作系统、组织创造力和组织绩效。

6.1.2　相关性分析

本节研究变量的均值、标准差、相关系数如表 6-2 所示,高参与工作系统与组织创造力具有显著的相关关系($r=0.461$,$P<0.01$),高参与工作系统与组织绩效显著相关($r=0.301$,$P<0.01$),组织创造力与组织绩效具有显著的相关关系($r=0.468$,$P<0.01$)。

表 6 - 2　研究变量的均值、标准差、相关系数

变量	均值	标准差	1	2	3	4	5	6	7	8	9	10	11	12	13
1 企业年限	3.82	1.24													
2 企业规模	4.50	2.29	0.600**												
3 发展阶段	2.97	1.02	0.547**	0.436**											
4 所有制①	0.26	0.44	0.200*	0.323**	0.113					—					
5 所有制②	0.50	0.50	-0.366**	-0.394**	-0.296**	-0.595**									
6 所有制③	0.19	0.39	0.198*	0.140	0.169*	-0.289**	-0.479**								
7 行业①	0.30	0.46	0.292**	0.214**	0.043	0.010	-0.023	0.033							
8 行业②	0.38	0.48	-0.224**	-0.120	-0.070	0.063	0.057	-0.110	-0.512**						
9 行业③	0.13	0.33	0.039	-0.092	-0.009	-0.141	-0.036	0.205**	-0.249**	-0.295**					
10 行业④	0.04	0.20	-0.093	-0.020	0.035	0.080	-0.029	-0.025	-0.141	-0.167*	-0.081				
11 高参与工作系统	3.55	0.50	-0.171*	-0.096	-0.055	-0.086	0.070	0.033	-0.212**	0.024	0.159*	0.031	(0.952)		
12 组织创造力	3.72	0.57	-0.080	0.021	-0.028	-0.208**	0.080	0.175	-0.066	-0.006	0.137	-0.062	0.461**	(0.900)	
13 组织绩效	3.55	0.55	0.181*	0.296**	0.194**	-0.001	-0.148	0.213**	-0.170*	0.107	-0.023	-0.006	0.301**	0.468**	(0.886)

注：*** 小于 0.01 显著性水平，** 小于 0.05 显著性水平（双尾）；对角线括号内为内部一致性系数。

6.1.3 假设检验

为了验证假设变量的中介作用,本研究采用 Baron & Kenny(1986)提出的中介检验方法进行验证,采用三步骤的方式检验变量的中介作用:①检验自变量与结果变量的关系是否显著,即高参与工作系统对于组织绩效的影响;②检验自变量与中介变量的关系是否显著,即高参与工作系统对组织创造力的影响;③检验自变量、中介变量与结果变量的关系是否显著,即高参与工作系统、组织创造力对组织绩效的影响。

回归分析结果如表 6-3 所示,第一步,在模型 2 中,在考虑控制变量的情况下,高参与工作系统对组织绩效产生显著的正向影响($\beta = 0.309$,$p < 0.001$),即假设 2 成立。第二步,在模型 4 中,在考虑控制变量的情况下,高参与工作系统显著地正向影响组织创造力($\beta = 0.440$,$p < 0.001$),即假设 1 成立。第三步,在模型 3 中,在考虑控制变量的情况下,检验高参与工作系统、组织创造力对组织绩效的影响,研究结果发现高参与工作系统对组织创造力产生积极的影响,而对组织绩效没有显著的影响($\beta = 0.134$,$p > 0.05$;$\beta = 0.398$,$p < 0.001$)。根据 Baron & Kenny(1986)的方法,从模型 2、模型 3 和模型 4 中可以判定,组织创造力在高参与工作系统与组织绩效之间具有完全中介作用,即假设 3 成立。

表 6-3 组织创造力中介效应的回归分析结果

变量	组织绩效			组织创造力
	模型 1	模型 2	模型 3	模型 4
企业年限	0.056	0.109	0.142	-0.083
企业规模	0.305 **	0.291 **	0.226 *	0.164
发展阶段	0.034	0.023	0.028	-0.013
所有制①	0.026	0.009	0.027	-0.047
所有制②	0.129	0.090	0.031	0.150
所有制③	0.256	0.222	0.140	0.204
行业①	-0.315 **	-0.252 *	-0.265 **	0.030
行业②	-0.031	-0.004	-0.013	0.022
行业③	-0.133	-0.158	-0.179 *	0.051
行业④	-0.048	-0.042	-0.020	-0.054
高参与工作系统		0.309 ***	0.134	0.440 ***
组织创造力			0.398 ***	

（续表）

变量	组织绩效			组织创造力
	模型 1	模型 2	模型 3	模型 4
R^2	0.196	0.284	0.398	0.279
$\triangle R^2$	0.196 ***	0.088 ***	0.114 ***	0.178 ***
F	3.61 ***	5.29 ***	8.04 ***	5.17 ***

注: * $p < 0.05$, ** $p < 0.01$, *** $p < 0.001$。

6.1.4 结论与讨论

高参与工作系统能否对组织绩效产生积极的影响,由于研究视角的不同,得出的结论具有差异性(Camps & Luna-Arocas,2009)。本节结论如下:

(1) 高参与工作系统能对组织创造力产生积极的影响。它增加了组织的人力资本,提升了组织的创造力。

(2) 高参与工作系统能对组织绩效产生积极的影响。

(3) 组织创造力在高参与工作系统与组织绩效之间具有中介作用。为进一步研究高参与工作系统对组织创造力及绩效的作用机理奠定基础,假设检验结果如表 6-4 所示。

表 6-4 假设检验结果总结

研究假设	检验结果
假设 1:高参与工作系统对组织创造力具有显著正向影响	支持
假设 2:高参与工作系统对组织绩效具有显著正向影响	支持
假设 3:高参与工作系统通过组织创造力显著地正向影响组织绩效	支持

6.2 高参与工作系统对组织创造力及绩效的作用机制检验:人力资源柔性视角

6.2.1 信度和效度分析

高参与工作系统、组织创造力和组织绩效这三个变量的聚合效果已经在

6.1.1中通过检验,所以不再做重复检验。由于集体主义是个体层面的变量,需要通过聚合的方式生成组织层面的变量,人力资源柔性是组织层面的变量,需要从聚合组织的中个体的评分来获得。聚合后人力资源柔性和组织集体主义量表的 RWG 值分别为 0.947 和 0.935,均大于 0.7(James et al.,1984),说明这两个变量均具有足够的组内一致性,两者的聚合效果均较好。本节主要验证人力资源柔性和组织集体主义的信度。其中,人力资源柔性的信度为 0.844,组织集体主义的 α 系数为 0.894,说明测量量表具有良好的信度。

高参与工作系统的二阶验证性因子分析测量模型拟合指数:$X^2/df = 3.563$,$RMSEA = 0.058$,$CFI = 0.937$,$TLI = 0.930$;人力资源柔性的二阶验证性因子分析测量模型拟合指数:$X^2/df = 2.600$,$RMSEA = 0.058$,$CFI = 0.976$,$TLI = 0.962$;组织集体主义验证性因子分析测量模型拟合指数:$X^2/df = 2.749$,$RMSEA = 0.048$,$CFI = 0.992$,$TLI = 0.987$;组织创造力验证性因子分析测量模型拟合指数:$X^2/df = 2.152$,$RMSEA = 0.049$,$CFI = 0.997$,$TLI = 0.982$;组织绩效验证性因子分析测量模型拟合指数:$X^2/df = 3.294$,$RMSEA = 0.068$,$CFI = 0.986$,$TLI = 0.971$,说明测量模型的拟合指数都较好。数据与模型拟合程度较好,测量量表具有良好的效度。随后根据因子载荷计算每个变量的 AVE 值,并比较每个构念与其测量项目间共享的方差和该构念与其他构念间共享的方差,若各变量的平均方差抽取达到 0.5,则表明其所有测量具有较好的聚合效度,同时若各变量 AVE 的平方根大于该变量与其他变量的相关系数,则表示该变量与其他变量间具有较好的区分效度。其中,高参与工作系统、人力资源柔性、组织创造力、组织绩效、组织集体主义的 AVE 的值分别为:0.728、0.698、0.635、0.510、0.541,各变量的 AVE 的值均大于 0.5 的标准。其中各变量 AVE 的平方根都大于该变量和其他变量间的相关系数,表明变量具有良好的区分效度。

为了进一步验证各变量间的区分效度,本节首先构建了包含 5 个潜变量的结构方程模型作为基准模型,通过合并相关潜变量,生成并比较 7 种不同的因子测量模型。从表 6-5 所示的结果可以判定,拟合指数支持五因子模型最优,证实 5 个潜变量在测量上是可以区分的。

本研究采用 Harman 单因子测试进一步检验可能存在的共同方法变异。如果一个总因子的特征值在变量中占有绝大多数协方差的比率,则表明存在显著的共同方法变异(Podsakoff & Organ,1986)。对本章测量变量的所有项目进行主因子分析,发现有 10 个因子的特征值都大于 1,总的贡献率为 74.21%,其中第一个因子的方差解释率为 21.42%,没有发现单一的因子,也没有发现哪一个因子的方差比率占绝大多数,因此,我们认为共同方法变异对结果不会产生较大的影响。

表 6 - 5　测量模型比较结果

模型	因子结构	X^2	df	X^2/df	$\triangle X^2$	RMSEA	CFI	TLI	IFI
基准模型	五因子	587.533	308	1.908		0.076	0.919	0.908	0.920
模型1	1与2合并	741.890	318	2.333	154.357 ***	0.092	0.877	0.865	0.879
模型2	2与3合并	1079.318	318	3.394	491.785 ***	0.123	0.780	0.757	0.782
模型3	4与5合并	1064.157	318	3.346	476.624 ***	0.122	0.784	0.762	0.786
模型4	1、2与4合并	1180.561	321	3.678	593.028 ***	0.130	0.752	0.728	0.754
模型5	1、3与4合并	1441.665	321	4.491	854.132 ***	0.149	0.676	0.646	0.679
模型6	1、2、3、4合并	1518.411	323	4.701	930.878 ***	0.153	0.655	0.625	0.657
模型7	1、2、3、4、5合并	1970.756	324	6.083	1383.223 ***	0.179	0.524	0.528	0.484

注:*** 表示 $p<0.001$;因子结构中1、2、3、4、5分别代表高参与工作系统、组织集体主义、人力资源柔性、组织创造力和组织绩效。

6.2.2　相关性分析

本节研究变量的均值、标准差、相关系数如表 6 - 6 所示。高参与工作系统与组织创造力具有显著的相关关系($r = 0.461$,$P<0.01$),高参与工作系统与组织绩效显著相关($r = 0.301$,$P<0.01$),高参与工作系统与人力资源柔性显著相关($r = 0.563$,$P<0.01$);人力资源柔性与组织创造力和组织绩效显著相关($r = 0.579$,$P<0.01$;$r = 0.525$,$P<0.01$),组织集体主义与人力资源柔性和组织创造力显著相关($r = 0.491$,$P<0.01$;$r = 0.453$,$P<0.01$)。从相关系数可以看出,高参与工作系统、人力资源柔性、组织创造力和组织绩效之间存在着相关性,同时也发现高参与工作系统、人力资源柔性与组织集体主义之间存在着相关性,这为理论模型的验证奠定了良好的基础。

6.2.3　假设检验

本节主要通过多层线性回归方法验证高参与工作系统、人力资源柔性、组织创造力和组织绩效的相关假设。为检验假设 4、假设 5 和假设 6,首先,把控制变

表 6-6 研究变量的均值、标准差、相关系数

变量	1	2	3	4	5	6	7	8	9	10	11	12	13	14	15
1 企业年限															
2 企业规模	0.600**														
3 发展阶段	0.547**	0.436**													
4 所有制①	0.200**	0.323**	0.113												
5 所有制②	−0.366**	−0.394**	−0.296**	−0.595**											
6 所有制③	0.198*	0.140	0.169*	−0.289**	−0.479**										
7 行业①	0.292**	0.214**	0.043	0.010	−0.023	0.033									
8 行业②	−0.224**	−0.120	−0.070	0.063	0.057	−0.110	−0.512**								
9 行业③	0.039	−0.092	−0.009	−0.141	−0.036	0.205**	−0.249**	−0.295**							
10 行业④	−0.093	−0.020	0.035	0.080	−0.029	−0.025	−0.141	−0.167*	−0.081						
11 高参与工作系统	−0.171*	−0.096	−0.055	−0.086	0.070	0.033	−0.212**	0.024	0.159*	0.031	(0.952)				
12 人力资源柔性	−0.089	0.062	−0.041	−0.127	0.065	0.104	−0.167*	0.055	0.026	0.001	0.563**	(0.844)			
13 组织集体主义	−0.131	−0.056	−0.027	−0.066	0.045	0.026	−0.209**	0.037	0.205**	0.023	0.867**	0.491**	(0.894)		
14 组织绩效	0.181*	0.296**	0.194*	−0.001	−0.148	0.213**	−0.170*	0.107	−0.023	−0.006	0.301**	0.525**	0.243**	(0.886)	
15 组织创造力	−0.080	0.021	−0.028	−0.208**	0.080	0.175*	−0.066	−0.006	0.137	−0.062	0.461**	0.579**	0.453**	0.468**	(0.900)
均值	3.82	4.50	2.97	0.26	0.50	0.19	0.30	0.38	0.13	0.04	3.55	3.50	3.69	3.55	3.72
标准差	1.24	2.29	1.02	0.44	0.50	0.39	0.46	0.48	0.33	0.20	0.50	0.44	0.53	0.55	0.57

注：*** 小于 0.01 显著性水平，** 小于 0.05 显著性水平（双尾）；对角线括号内为内部一致性系数。

及人力资源柔性对组织创造力和组织绩效的影响，回归结果如表 6 – 7 所示，模型 4 显示在考虑控制变量的情况下，高参与工作系统与人力资源柔性两者存在显著的相关关系（$\beta = 0.548$，$p < 0.001$），即假设 4 成立；模型 2 显示在考虑控制变量的情况下，人力资源柔性显著地正向影响组织创造力（$\beta = 0.556$，$p < 0.001$），即假设 5 成立；模型 6 显示在考虑控制变量情况下，人力资源柔性显著地正向影响组织绩效（$\beta = 0.482$，$p < 0.001$），即假设 6 成立。

1. 中介效应检验

量和自变量引入回归模型当中，验证高参与工作系统对人力资源柔性的影响，以为了检验假设 7，即人力资源柔性的中介作用，本节主要采用 Baron & Kenny（1986）提出的中介检验方法进行判别，采用三步骤的方式检验中介作用：①控制变量和自变量对于结果变量的影响，即控制变量和高参与工作系统对于组织创造力的影响；②控制变量和自变量对于中介变量的影响，即控制变量和高参与工作系统对于人力资源柔性的影响；③控制变量、自变量和中介变量对于结果变量的影响，即控制变量、高参与工作系统和人力资源柔性对于组织创造力的影响。

如表 6 – 7 所示，模型 1 显示，在控制变量后，高参与工作系统显著地正向影响组织创造力（$\beta = 0.433$，$p < 0.001$）；模型 4 显示，在控制变量后，验证高参与工作系统对人力资源柔性的影响，结果表明高参与工作系统显著地正向影响人力资源柔性（$\beta = 0.548$，$p < 0.001$）；模型 3 显示，在控制变量后，验证高参与工作系统、人力资源柔性对组织创造力的影响，结果表明高参与工作系统显著地正向影响组织创造力（$\beta = 0.195$，$p < 0.05$），人力资源柔性显著地正向影响组织创造力（$\beta = 0.447$，$p < 0.01$）。从以上的结果可以判定人力资源柔性对高参与工作系统与组织创造力产生中介作用，即假设 7 成立。

本研究采用相同的方法验证人力资源柔性在高参与工作系统与组织绩效之间的关系，即假设 8。如表 6 – 7 所示，模型 5 显示，在控制变量后，高参与工作系统显著地正向影响组织绩效（$\beta = 0.309$，$p < 0.01$）；模型 4 显示，在控制变量后，验证高参与工作系统对人力资源柔性的影响，结果表明高参与工作系统显著地正向影响人力资源柔性（$\beta = 0.548$，$p < 0.001$）；模型 7 显示，在控制变量后，验证高参与工作系统、人力资源柔性对组织绩效的影响，结果表明高参与工作系统与组织绩效的关系并不显著，而人力资源柔性显著地正向影响组织绩效（$\beta = 0.066$，$p > 0.05$；$\beta = 0.445$，$p < 0.001$）。从以上的结果可以判定人力资源柔性对高参与工作系统与组织绩效具有中介作用，即假设 8 成立。

表 6 - 7　人力资源柔性中介效应的回归分析结果

变量	组织创造力			人力资源柔性	组织绩效		
	模型 1	模型 2	模型 3	模型 4	模型 5	模型 6	模型 7
企业年限	-0.083	-0.089	-0.069	-0.031	0.109	0.116	0.122
企业规模	0.164	0.051	0.068	0.214*	0.291**	0.190*	0.196*
发展阶段	-0.013	0.030	0.018	-0.068	0.023	0.058	0.053
所有制①	-0.047	-0.037	-0.045	-0.004	0.009	0.013	0.011
所有制②	0.150	0.082	0.081	0.153	0.090	0.022	0.022
所有制③	0.204	0.125	0.128	0.170	0.222	0.145	0.146
行业①	0.030	0.091	0.101	-0.159	-0.252*	-0.185	-0.182
行业②	0.022	0.045	0.050	-0.063	-0.004	0.022	0.024
行业③	0.051	0.137	0.111	-0.134	-0.158	-0.090	-0.099
行业④	-0.054	-0.031	-0.033	-0.047	-0.042	-0.020	-0.021
高参与工作系统	0.440***	0.195*	0.548***	0.309**	0.066		
人力资源柔性		0.556***	0.447**			0.482***	0.445***
R^2	0.279	0.380	0.404	0.375	0.284	0.405	0.408
$\triangle R^2$	0.178***	0.278***	0.125***	0.275***	0.088***	0.209***	0.124***
F	5.17***	8.17***	8.24***	8.01***	5.29***	9.09***	8.37***

注：* $p<0.05$，** $p<0.01$，*** $p<0.001$。

2. 组织集体主义的调节效应

接下来检验假设 9，即验证组织集体主义调节高参与工作系统与人力资源柔性的关系，其回归分析结果如表 6 - 8 所示。利用层次分析方法进行验证：①将控制变量（企业性质、企业年限、企业规模、行业类型、发展阶段）与高参与工作系统代入方程；②将控制变量、高参与工作系统与组织集体主义代入方程；③代入高参与工作系统与组织集体主义的交互项，为避免可能存在的共线问题，本研究对相关变量进行中心化，然后进行验证。

表 6 - 8 的模型 1 对人力资源柔性的回归分析显示，将控制变量、高参与工作系统代入回归方程，高参与工作系统对人力资源柔性的解释率达到 37.5%，高参与工作系统显著地正向影响人力资源柔性（$\beta=0.548$，$p<0.001$）。在模型 2 中，将控制变量、高参与工作系统与组织集体主义同时代入回归方程时，方程的

解释率为 37.5%，ΔR^2 没有显著的变化，在 0.001 水平上统计并不显著。在模型 3 中，同时把高参与工作系统与组织集体主义的交互项代入方程，结果表明高参与工作系统与组织集体主义的交互作用显著地正向影响人力资源柔性（$\beta =$ 0.159，$p<0.05$），即组织集体主义正向调节高参与工作系统与人力资源柔性的关系（见图 6 - 1），即假设 9 成立。

表 6 - 8　组织集体主义调节效应的回归分析结果

变　　量	人力资源柔性		
	模型 1	模型 2	模型 3
企业年限	− 0.031	− 0.030	− 0.015
企业规模	0.214 *	0.212 *	0.224 *
发展阶段	− 0.068	− 0.068	− 0.071
所有制①	− 0.004	− 0.003	0.019
所有制②	0.153	0.155	0.189
所有制③	0.170	0.172	0.179
行业①	− 0.159	− 0.160	− 0.200 *
行业②	− 0.063	− 0.066	− 0.095
行业③	− 0.134	− 0.138	− 0.170
行业④	− 0.047	− 0.048	− 0.047
高参与工作系统	0.548 ***	0.518 ***	0.477 ***
组织集体主义		0.035	0.131
高参与工作系统 组织集体主义			0.159 *
R^2	0.375	0.375	0.395
$\triangle R^2$	0.275 ***	0.000	0.020 *
F	8.01 ***	7.30 ***	7.28 ***

注：* $p<0.05$，** $p<0.01$，*** $p<0.001$。

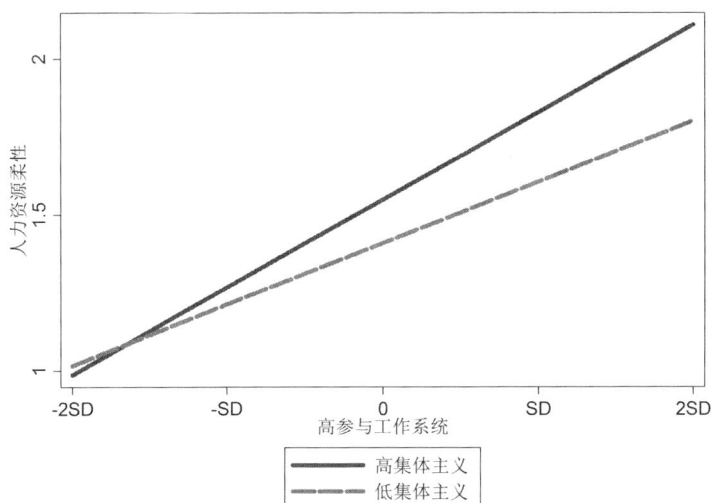

图 6 - 1　组织集体主义调节高参与工作系统与人力资源柔性的关系

3. 被调节的中介作用

为验证假设 10,本节采用 Preacher,Rucker,& Hayes（2007）和 Hayes（2013）所提出的方法,对模型 7 进行 Bootstrapping 检验。将组织集体主义作为调节变量引入"高参与工作系统—人力资源柔性—组织创造力"的中介模型中。Bootstrapping 检验的结果如表 6 - 9 所示,在组织集体主义（-S.D）的情况下,中介作用置信区间不包括 0（$LLCI = 0.021$，$ULCI = 0.433$）;当组织集体主义中等时,中介作用置信区间不包括 0（$LLCI = 0.096$，$ULCI = 0.492$）;当组织集体主义（＋S.D）时,中介作用置信区间不包括 0（$LLCI = 0.129$，$ULCI = 0.552$）。从以上结果可以看出,组织集体主义正向调节高参与工作系统通过人力资源柔性影响组织创造力的间接效应,即假设 10 成立。

本研究采用相同的方法验证假设 11,将组织集体主义作为调节变量引入"高参与工作系统—人力资源柔性—组织绩效"的中介模型中。Bootstrapping 检验的结果如表 6 - 10 所示。在组织集体主义（-S.D）的情况下,中介作用的置信区间不包括 0（$LLCI = 0.009$，$ULCI = 0.370$）;当组织集体主义中等时,中介作用的置信区间不包括 0（$LLCI = 0.083$，$ULCI = 0.418$）;当组织集体主义（＋S.D）时,中介作用的置信区间不包括 0（$LLCI = 0.124$，$ULCI = 0.487$）。以上结果表明,组织集体主义正向调节高参与工作系统通过人力资源柔性影响组织绩效的间接效应,即假设 11 成立。

表 6 - 9　对组织创造力的中介模型的调节效应分析

自变量	中介变量:人力资源柔性			
	Bootstrapping		BC 95% CI	
	B	SE	Lower	Upper
常量	3.371 ***	0.187	3.001	3.743
高参与工作系统	0.418 ***	0.117	0.185	0.650
组织集体主义	0.105	0.114	− 0.119	0.331
高参与工作系统 组织集体主义	0.208 *	0.095	0.020	0.397

自变量	因变量:组织创造力			
	Bootstrapping		BC 95% CI	
	B	SE	Lower	Upper
常量	1.570 **	0.429	0.721	2.419
人力资源柔性	0.576 ***	0.104	0.370	0.782
高参与工作系统	0.222 *	0.091	0.042	0.402

中介变量	条件间接效应				
	Bootstrapping			BC 95% CI	
	组织集体主义	B	SE	Lower	Upper
人力资源柔性	− 0.539	0.176	0.093	0.021	0.433
人力资源柔性	0.000	0.241	0.091	0.096	0.492
人力资源柔性	0.539	0.305	0.103	0.129	0.552

表 6 - 10　对组织绩效中介模型的调节效应分析

自变量	中介变量:人力资源柔性			
	Bootstrapping		BC 95% CI	
	B	SE	Lower	Upper
常量	3.371 ***	0.187	3.001	3.743
高参与工作系统	0.418 ***	0.117	0.185	0.650
组织集体主义	0.105	0.114	− 0.119	0.331
高参与工作系统 组织集体主义	0.208 *	0.095	0.020	0.397

（续表）

自变量	因变量:组织绩效			
	Bootstrapping		BC 95% CI	
	B	SE	Lower	Upper
常量	1.144 *	0.411	0.331	1.957
人力资源柔性	0.551 ***	0.099	0.354	0.749
高参与工作系统	0.071	0.087	− 0.101	0.244
中介变量	条件间接效应				
	Bootstrapping			BC 95% CI	
	组织集体主义	B	SE	Lower	Upper
人力资源柔性	− 0.539	0.168	0.095	0.009	0.370
人力资源柔性	0.000	0.230	0.089	0.083	0.418
人力资源柔性	0.539	0.292	0.097	0.124	0.487

6.2.4　结论与讨论

由于组织面临日益复杂的外部环境,在这种背景下,组织需要更多的柔性能力以适应外部环境的变化(Hitt et al.,1998;Bhattacharya et al.,2005)。人力资源柔性作为一种重要的柔性能力对于提升组织绩效和获得竞争优势具有重要的作用(Bhattacharya et al.,2005)。但少有学者研究在组织集体主义影响下,高参与工作系统、人力资源柔性对组织创造力的影响。本节主要探讨了组织集体主义在影响高参与工作系统与组织创造力及绩效关系中所起到的作用,并深入研究高参与工作系统对组织创造力及绩效的作用机理,以及人力资源柔性的中介作用,其结论如下:

(1)高参与工作系统对人力资源柔性具有显著的积极影响。以往研究显示,高绩效工作系统能够提升组织的人力资源柔性,进而会影响组织绩效(Beltrán-Martín et al.,2008)。本节揭示了高参与工作系统显著地正向影响组织的人力资源柔性,进一步验证了人力资源管理实践在促进组织的人力资源柔性方面所起到的作用(Bhattacharya et al.,2005;Beltrán-Martín et al.,2008)。

(2)人力资源柔性对组织创造力和组织绩效具有显著的积极影响。本节发现人力资源柔性显著地正向影响组织创造力,即人力资源柔性是影响组织创造力的一个重要前因变量,为以后组织创造力的研究提供了一种较好的视角。同时,本节发现人力资源柔性能够显著地影响组织绩效,本节的研究结论与以前学者研究结果具有一致性(Beltrán-Martín et al.,2008)。

(3)人力资源柔性的中介作用。本节发现高参与工作系统通过人力资源柔性积极地影响组织创造力,即人力资源柔性在高参与工作系统与组织创造力之间具有中介作用。本节的结论有利于从人力资源柔性视角揭示影响组织创造力的作用机制。同时,本节的结果发现高参与工作系统通过人力资源柔性影响组织绩效,即人力资源柔性在高参与工作系统与组织绩效之间具有中介作用。本节结论揭示人力资源柔性在高参与工作系统与组织绩效之间具有重要的作用。

(4)组织集体主义的调节作用。本节发现组织集体主义正向调节高参与工作系统与人力资源柔性的关系,在较强的组织集体主义倾向下,组织集体主义正向调节高参与工作系统与人力资源柔性的关系较强;在较弱的组织集体主义倾向下,组织集体主义正向调节高参与工作系统与人力资源柔性的关系较弱。在较强的组织集体主义倾向下,高参与工作系统通过人力资源柔性影响组织创造力的间接效应显著;在较弱的组织集体主义倾向下,高参与工作系统通过人力资源柔性影响组织创造力的间接效应并不显著。

综上所述,本节的假设均得到较好的验证,其验证结果如表6–11所示。

表6–11 假设检验结果总结

研究假设	检验结果
假设4:高参与工作系统对人力资源柔性具有显著正向影响	支持
假设5:人力资源柔性对组织创造力具有显著正向影响	支持
假设6:人力资源柔性对组织绩效具有显著正向影响	支持
假设7:高参与工作系统通过人力资源柔性显著影响组织创造力	支持
假设8:高参与工作系统通过人力资源柔性显著影响组织绩效	支持
假设9:组织集体主义正向调节高参与工作系统与人力资源柔性的关系	支持
假设10:组织集体主义正向调节高参与工作系统对组织创造力影响的间接效应,即当组织集体主义倾向较强时,高参与工作系统通过人力资源柔性影响组织创造力的间接效应较强	支持
假设11:组织集体主义正向调节高参与工作系统对组织绩效影响的间接效应,即当组织集体主义倾向较强时,高参与工作系统通过人力资源柔性影响组织绩效的间接效应较强	支持

6.3　高参与工作系统对组织创造力及绩效的作用机制检验：知识整合能力视角

6.3.1　信度和效度分析

高参与工作系统、组织创造力和组织绩效这三个变量的聚合效果已经在6.1.1节中通过检验，本节不再做重复检验。由于知识整合能力和互动导向是组织层面的变量，需要从聚合组织中的个体的评分来获得。聚合后知识整合能力和互动导向两个变量的 RWG 值分别为 0.946 和 0.934，均大于 0.7（James et al.，1984），说明这两个变量均具有足够的组内一致性，两者均聚合效果较好。本节主要验证知识整合能力和互动导向的信度，知识整合能力信度为 0.892，互动导向的信度为 0.825，表明该量表具有良好的信度。

高参与工作系统的二阶验证性因子分析测量模型拟合指数：$X^2/\mathrm{d}f=$ 3.563，$RMSEA=0.058$，$CFI=0.937$，$TLI=0.930$；知识整合能力的二阶验证性因子分析测量模型拟合指数：$X^2/\mathrm{d}f=2.318$，$RMSEA=0.052$，$CFI=0.975$，$TLI=0.968$；互动导向的二阶验证性因子分析测量模型拟合指数：$X^2/\mathrm{d}f=$ 2.916，$RMSEA=0.063$，$CFI=0.977$，$TLI=0.954$；组织创造力验证性因子分析测量模型拟合指数：$X^2/\mathrm{d}f=2.152$，$RMSEA=0.049$，$CFI=0.997$，$TLI=$ 0.982；组织绩效验证性因子分析测量模型拟合指数：$X^2/\mathrm{d}f=3.294$，$RMSEA=$ 0.068，$CFI=0.986$，$TLI=0.971$，说明测量模型的拟合指数都很好。随后根据因子载荷计算每个变量的 AVE 的值，并比较每个构念与其测量项目间共享的方差和该构念与其他构念间共享的方差，若各变量的平均方差抽取量达到 0.5，则表明其所有测量具有较好的聚合效度，同时若各变量 AVE 的平方根大于该变量与其他变量的相关系数，则表示该变量与其他变量间具有较好的区分效度。其中，高参与工作系统、知识整合能力、组织创造力、组织绩效和互动导向的 AVE 的值分别为 0.728、0.727、0.635、0.510、0.541，由此可以看出，所有变量的 AVE 的值都大于 0.5。其中各变量的 AVE 的平方根都大于该变量和其他变量间的相关系数，表明量表具有良好的区分效度。

为了进一步验证各变量间的区分效度，本研究首先构建了包含所有 5 个潜变量的结构方程模型作为基准模型，通过合并相关潜变量，生成并比较 7 种不同的因子测量模型。从表 6-12 所示的结果可见，拟合指数支持五因子模型最优，证实 5 个潜变量在测量上是可以区分的。

本研究采用 Harman 单因子测试进一步检验可能存在的共同方法变异问题。如果一个总因子的特征值在变量中占有绝大多数协方差的比率，则表明存在显著的共同方法变异问题（Podsakoff & Organ，1986）。对本节测量变量的所有项目进行主因子分析，发现有 12 个因子的特征值都大于 1，总的贡献率为 74.64%。其中，第一个因子的方差解释率为 17.40%，没有发现单一的因子，也没有发现哪一个因子的方差比率占绝大多数，因此，我们认为共同方法变异对结果不会产生较大的影响。

表 6 - 12   测量模型比较结果

模型	因子结构	X^2	df	X^2/df	$\triangle X^2$	RMSEA	CFI	TLI	IFI
基准模型	五因子	491.364	232	2.118		0.084	0.899	0.879	0.900
模型 1	1 与 2 合并	783.978	245	3.200	292.614 ***	0.118	0.789	0.763	0.792
模型 2	2 与 3 合并	673.915	245	2.751	182.551 ***	0.105	0.832	0.811	0.834
模型 3	4 与 5 合并	990.455	245	4.043	499.091 ***	0.141	0.709	0.672	0.712
模型 4	1、2 与 4 合并	1078.352	248	4.348	586.988 ***	0.146	0.675	0.639	0.679
模型 5	1、3 与 4 合并	1145.714	249	4.601	654.350 ***	0.151	0.650	0.612	0.653
模型 6	1、2、3、4 合并	1165.544	251	4.644	674.180 ***	0.152	0.643	0.607	0.646
模型 7	1、2、3、4、5 合并	1455.829	252	5.777	964.465 ***	0.174	0.529	0.485	0.534

注：*** 表示 $p < 0.001$；因子结构中 1、2、3、4、5 分别代表高参与工作系统、互动导向、知识整合能力、组织创造力和组织绩效。

6.3.2 相关性分析

本节研究变量的均值、标准差、相关系数如表 6 - 13 所示。高参与工作系统与组织创造力具有显著的相关关系（$r = 0.461$，$P < 0.01$），高参与工作系统与组织绩效显著相关（$r = 0.301$，$P < 0.01$），高参与工作系统与知识整合能力显著相关（$r = 0.503$，$P < 0.01$），知识整合能力与组织创造力和组织绩效显著相关（$r = 0.605$，$P < 0.01$；$r = 0.536$，$P < 0.01$）。高参与工作系统与互动导向显著相关（$r = 0.442$，$P < 0.01$），互动导向与知识整合能力显著相关（$r = 0.625$，$P < 0.01$）。从相关系数可以看出，高参与工作系统、知识整合能力、组织创造力和组绩效之间存在着相关性，同时本节也发现高参与工作系统、知识整合能力和互动导向之间存在着相关性。

表 6 - 13　研究变量的均值、标准差、相关系数

变量	1	2	3	4	5	6	7	8	9	10	11	12	13	14	15
1 企业年限															
2 企业规模	0.600**														
3 发展阶段	0.547**	0.436**													
4 所有制①	0.200*	0.323**	0.113												
5 所有制②	-0.366**	-0.394**	-0.296**	-0.595**											
6 所有制③	0.198*	0.140	0.169*	-0.289**	-0.479**										
7 行业①	0.292**	0.214**	0.043	0.010	-0.023	0.033									
8 行业②	-0.224**	-0.120	-0.070	0.063	0.057	-0.110	-0.512**								
9 行业③	0.039	-0.092	-0.009	-0.141	-0.036	0.205**	-0.249**	-0.295**							
10 行业④	-0.093	-0.020	0.035	0.080	-0.029	-0.025	-0.141	-0.167*	-0.081						
11 高参与工作系统	-0.171*	-0.096	-0.055	-0.086	0.070	0.033	-0.212**	0.024	0.159*	0.031	(0.952)				
12 知识整合能力	-0.080	-0.007	-0.109	0.009	-0.102	0.153	-0.115	0.089	0.020	-0.108	0.503**	(0.899)			
13 组织创造力	-0.080	0.021	-0.028	-0.208**	0.080	0.175*	-0.066	-0.006	0.137	-0.062	0.461**	0.605**	(0.900)		
14 组织绩效	0.181*	0.296**	0.194*	-0.001	-0.148	0.213**	-0.170*	0.107	-0.023	-0.006	0.301**	0.536**	0.468**	(0.886)	
15 互动导向	0.069	0.027	-0.014	-0.144	-0.002	0.216**	0.043	0.012	0.063	-0.018	0.442**	0.625**	0.609**	0.467**	(0.826)
均值	3.82	4.50	2.97	2.26	0.50	0.19	0.30	0.38	0.13	0.04	3.55	3.62	3.72	3.55	3.71
标准差	1.24	2.29	1.02	0.44	0.50	0.39	0.46	0.48	0.33	0.20	0.50	0.49	0.57	0.55	0.47

注：** 小于 0.01 显著性水平，* 小于 0.05 显著性水平（双尾）；对角线括号内为内部一致性系数。

6.3.3 假设检验

本节主要通过线性回归方法验证高参与工作系统、知识整合能力、组织创造力和组织绩效的相关假设。为了检验假设 12、假设 13 和假设 14，首先，把控制变量和自变量引入回归模型当中，验证高参与工作系统对知识整合能力的影响，以及知识整合能力对组织创造力和组织绩效的影响，回归结果如表 6-14 所示。模型 4 显示，在考虑控制变量的情况下，高参与工作系统与知识整合能力存在显著的相关关系（$\beta = 0.512$，$p < 0.001$），即假设 12 成立。模型 2 显示，在考虑控制变量的情况下，知识整合能力显著地正向影响组织创造力（$\beta = 0.614$，$p < 0.001$），即假设 13 成立。模型 6 显示，在考虑控制变量的情况下，知识整合能力显著地正向影响组织绩效（$\beta = 0.529$，$p < 0.001$），即假设 14 成立。

1. 中介效应检验

为了检验假设 15，即知识整合能力的中介作用，本书主要采用 Baron & Kenny（1986）提出的中介检验的方法进行判别。采用三步骤的方式检验变量的中介作用：①控制变量和自变量对于结果变量的影响，即控制变量和高参与工作系统对组织创造力的影响；②控制变量和自变量对中介变量的影响，即控制变量和高参与工作系统对知识整合能力的影响；③控制变量、自变量和中介变量对结果变量的影响，即控制变量、高参与工作系统和知识整合能力对组织创造力的影响。

如表 6-14 所示，在控制变量后的模型 1 中，高参与工作系统显著地正向影响组织创造力（$\beta = 0.440$，$p < 0.001$）；在控制变量后的模型 4 中，验证高参与工作系统对知识整合能力的影响，结果发现高参与工作系统显著地正向影响知识整合能力（$\beta = 0.512$，$p < 0.001$）；在控制变量后的模型 3 中，验证高参与工作系统、知识整合能力对组织创造力的影响，结果表明高参与工作系统与知识整合能力显著地正向影响组织创造力（$\beta = 0.170$，$p < 0.05$；$\beta = 0.527$，$p < 0.01$）。从以上结果可以判定，知识整合能力对高参与工作系统与组织创造力之间的关系具有中介作用，即假设 15 成立。

本研究采用相同的方法验证知识整合能力在高参与工作系统与组织绩效之间的关系，即假设 16。如表 6-14 所示，在控制变量后的模型 5 中，高参与工作系统显著地正向影响组织绩效（$\beta = 0.309$，$p < 0.001$）；在控制变量后的模型 4 中，验证高参与工作系统对知识整合能力的影响，研究发现高参与工作系统显著地正向影响知识整合能力（$\beta = 0.512$，$p < 0.001$）；在控制变量后的模型 7 中，验

证高参与工作系统、知识整合能力对组织绩效的影响,结果表明高参与工作系统不能显著地影响组织绩效,而知识整合能力显著地正向影响组织绩效($\beta = 0.052$,$p > 0.05$;$\beta = 0.503$,$p < 0.001$)。从以上的结果可以判定,知识整合能力对高参与工作系统与组织绩效之间的关系具有中介作用,即假设 16 成立。

表 6 - 14 知识整合能力中介效应的回归分析结果

变量	组织创造力			知识整合能力	组织绩效		
	模型 1	模型 2	模型 3	模型 4	模型 5	模型 6	模型 7
企业年限	− 0.083	− 0.114	− 0.091	0.015	0.109	0.094	0.101
企业规模	0.164	0.150	0.147	0.031	0.291 **	0.276 **	0.275 **
发展阶段	− 0.013	0.082	0.065	− 0.148	0.023	0.103	0.097
所有制①	− 0.047	− 0.092	− 0.091	0.085	0.009	− 0.034	− 0.034
所有制②	0.150	0.187	0.168	− 0.035	0.090	0.113	0.108
所有制③	0.204	0.105	0.107	0.185	0.222	0.128	0.129
行业①	0.030	0.048	0.067	− 0.069	− 0.252	− 0.224 *	− 0.218
行业②	0.022	0.013	0.023	− 0.002	− 0.004	− 0.006	− 0.003
行业③	0.051	0.124	0.113	− 0.117	− 0.158	− 0.093	− 0.100
行业④	− 0.054	0.029	0.019	− 0.139	− 0.042	0.031	0.028
高参与工作系统	.440 ***		0.170 *	0.512 ***	0.309 ***		0.052
知识整合能力		0.614 ***	0.527 **			0.529 ***	0.503 ***
R^2	0.279	0.447	0.466	0.325	0.284	0.453	0.454
$\triangle R^2$	0.178 ***	0.345 ***	0.187 ***	0.240 ***	0.088 ***	0.256 ***	0.170 ***
F	5.17 ***	10.79 ***	10.63 ***	6.44 ***	5.29 ***	11.04 ***	10.13 ***

注:* $p < 0.05$,** $p < 0.01$,*** $p < 0.001$。

2. 互动导向的调节效应

接下来检验假设 17,即验证互动导向能够调节高参与工作系统与知识整合能力的关系,回归分析结果如表 6 - 15 所示。本研究采用层次分析方法进行验证,①将控制变量(企业性质、企业年限、企业规模、行业类型、发展阶段)与高参与工作系统代入方程;②将控制变量、高参与工作系统与互动导向代入方程;③代入高参与工作系统与互动导向交互项,为了避免可能存在的共线问题,本研究对相关变量进行中心化,然后进行验证。

　　表 6 - 15 的模型 1 对知识整合能力的回归分析,将控制变量、高参与工作系统代入回归方程,高参与工作系统对知识整合能力的解释率达到 32.5%,高参与工作系统显著地正向影响知识整合能力($\beta = 0.512$,$p < 0.001$)。在模型 2 中,将控制变量、高参与工作系统与互动导向同时代入回归方程时,方程的解释率达到 52.4%,$\triangle R^2$ 为 0.199,在 0.001 水平上统计显著。在模型 3 中,代入高参与工作系统与互动导向的交互项,结果表明高参与工作系统与互动导向的交互作用项能够显著地正向影响知识整合能力($\beta = 0.149$,$p < 0.05$),即互动导向正向调节高参与工作系统与知识整合能力的关系(见图 6 - 2),因此,假设 17 成立。

表 6 - 15　互动导向调节效应的回归分析结果

变量	知识整合能力		
	模型 1	模型 2	模型 3
企业年限	0.015	− 0.082	− 0.091
企业规模	0.031	0.032	0.034
发展阶段	− 0.148	− 0.099	− 0.105
所有制①	0.085	0.089	0.085
所有制②	− 0.035	− 0.093	− 0.096
所有制③	0.185	0.060	0.049
行业①	− 0.069	− 0.176	− 0.213
行业②	− 0.002	− 0.098	− 0.122
行业③	− 0.117	− 0.139	− 0.159
行业④	− 0.139	− 0.171 **	− 0.174 **
高参与工作系统	0.512 ***	0.257 ***	0.246 ***
互动导向		0.529 ***	0.551 ***
高参与工作系统 互动导向			0.149 *
R^2	0.325	0.524	0.545
$\triangle R^2$	0.240 ***	0.199 ***	0.021 *
F	6.44 ***	13.39 ***	13.36 ***

注: * $p < 0.05$, ** $p < 0.01$, *** $p < 0.001$。

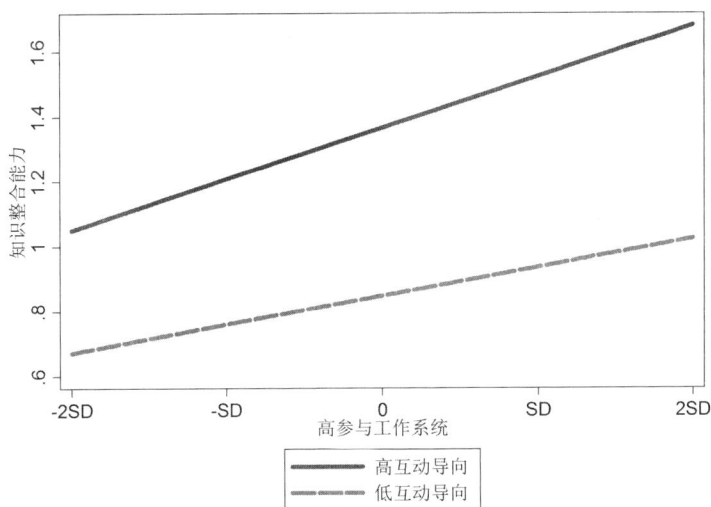

图 6 - 2　互动导向调节高参与工作系统与知识整合能力的关系

3. 被调节的中介作用

为了验证假设 18,本研究采用 Preacher,Rucker,& Hayes（2007）和 Hayes（2013）所开发的模型 7 进行 Bootstrapping 检验。将互动导向作为调节变量引入"高参与工作系统—知识整合能力—组织创造力"的中介模型中。Bootstrapping 检验的结果如表 6 - 16 所示,在互动导向(-S.D)的情况下,中介作用的置信区间包括 0($LLCI = -0.023$,$ULCI = 0.187$);当互动导向中等时,中介作用的置信区间不包括 0($LLCI = 0.072$,$ULCI = 0.260$),当互动导向(+S.D)时,中介作用的置信区间也不包括 0($LLCI = 0.129$,$ULCI = 0.346$)。研究结果发现,互动导向正向调节高参与工作系统通过知识整合能力影响组织创造力的间接效应,即假设 18 成立。

本研究采用相同的方法验证假设 19,通过 Bootstrapping 检验,将互动导向作为调节变量引入"高参与工作系统—知识整合能力—组织绩效"的中介模型中。Bootstrapping 检验的结果如表 6 - 17 所示,在互动导向(-S.D)情况下,中介作用的置信区间包括 0($LLCI = -0.033$,$ULCI = 0.149$);当互动导向中等时,中介作用的置信区间不包括 0($LLCI = 0.066$,$ULCI = 0.240$);当互动导向(+S.D)时,中介作用的置信区间也不包括 0($LLCI = 0.119$,$ULCI = 0.337$)。从结果可以看出,互动导向正向调节高参与工作系统通过知识整合能力影响组织绩效的间接效应,即假设 19 成立。

表 6 - 16　对组织创造力中介模型的调节效应分析

| 自变量 | 中介变量:知识整合能力 | | | |
| | Bootstrapping | | BC 95% CI | |
	B	SE	Lower	Upper
常量	4.022 ***	0.180	3.666	4.437
高参与工作系统	0.241 **	0.065	0.112	0.370
互动导向	0.575 ***	0.070	0.436	0.714
高参与工作系统　互动导向	0.278 *	0.107	0.066	0.490

| 自变量 | 因变量:组织创造力 | | | |
| | Bootstrapping | | BC 95% CI | |
	B	SE	Lower	Upper
常量	1.235 **	0.393	0.458	2.013
知识整合能力	0.611 ***	0.085	0.442	0.780
高参与工作系统	0.193 ***	0.083	0.028	0.359

| 中介变量 | 条件间接效应 | | | | |
| | Bootstrapping | | | BC 95% CI | |
	互动导向	B	SE	Lower	Upper
知识整合能力	− 0.470	0.067	0.052	− 0.023	0.187
知识整合能力	0.000	0.147	0.047	0.072	0.260
知识整合能力	0.470	0.227	0.062	0.129	0.361

表 6 - 17　对组织绩效中介模型的调节效应分析

| 自变量 | 中介变量:知识整合能力 | | | |
| | Bootstrapping | | BC 95% CI | |
	B	SE	Lower	Upper
常量	4.022 ***	0.180	3.666	4.437
高参与工作系统	0.241 **	0.065	0.112	0.370
互动导向	0.575 ***	0.070	0.436	0.714
高参与工作系统　互动导向	0.278 *	0.107	0.066	0.490

（续表）

自变量	因变量:组织绩效			
	Bootstrapping		BC 95% CI	
	B	SE	Lower	Upper
常量	0.917 *	0.382	0.162	1.672
知识整合能力	0.561 ***	0.083	0.396	0.725
高参与工作系统	0.056	0.081	− 0.103	0.217

中介变量	条件间接效应				
	Bootstrapping			BC 95% CI	
	互动导向	B	SE	Lower	Upper
知识整合能力	− 0.470	0.062	0.047	− 0.033	0.149
知识整合能力	0.000	0.135	0.042	0.066	0.240
知识整合能力	0.470	0.209	0.055	0.119	0.337

6.3.4 结论与讨论

知识整合能力对于提升组织的竞争优势具有重要作用。目前的研究重点探讨了知识整合能力对组织创新及组织绩效的影响（Grant，1996），尚未有研究探讨知识整合能力对组织创造力的影响。高参与工作系统能够提高组织内部员工的积极性和创造性，对于促进组织内部知识整合能力以及组织创造力具有重要的作用。

互动导向作为一种重要的战略导向类型，对于促进组织创造力和组织绩效具有重要的作用。本节探讨了互动导向在影响高参与工作系统与组织创造力及绩效关系所起到的作用，并验证了互动导向在高参与工作系统与知识整合能力关系之间的调节效应，同时还研究了互动导向调节高参与工作系统通过知识整合能力影响组织创造力及绩效的间接效应，其结论如下：

（1）知识整合能力的中介作用。研究结果显示，高参与工作系统显著地正向影响知识整合能力，知识整合能力积极地影响组织创造力。知识整合能力在高参与工作系统与组织创造力之间具有中介作用。同时，本研究还发现知识整合能力能够提高组织绩效，知识整合能力在高参与工作系统与组织绩效之间具有中介作用。知识整合能力的相关假设均得到了验证和支持。

（2）互动导向的调节作用。研究结果表明，互动导向正向调节高参与工作系统与知识整合能力之间的关系。当组织具有较强的互动导向时，互动导向正向调节高参与工作系统与知识整合能力之间的关系就越强；当组织具有较弱的互动导向时，互动导向调节高参与工作系统与知识整合能力之间的关系会减弱。互动导向正向调节高参与工作系统对组织创造力的间接效应，即在高互动导向下，高参与工作系统通过知识整合能力影响组织创造力的间接效应较强。同时，本研究表明，互动导向正向调节高参与工作系统对组织绩效的间接效应，即在高互动导向下，高参与工作系统通过知识整合能力影响组织绩效的间接效应较强。

综合以上的论述，本节的假设检验结果均得到较好的支持，具体验证结果如表 6-18 所示。

表 6-18 假设检验结果总结

研究假设	检验结果
假设 12：高参与工作系统对知识整合能力具有显著正向影响	支持
假设 13：知识整合能力对组织创造力具有显著正向影响	支持
假设 14：知识整合能力对组织绩效具有显著正向影响	支持
假设 15：高参与工作系统通过知识整合能力显著影响组织创造力	支持
假设 16：高参与工作系统通过知识整合能力显著影响组织绩效	支持
假设 17：互动导向正向调节高参与工作系统与知识整合能力的关系	支持
假设 18：互动导向正向调节高参与工作系统对组织创造力影响的间接效应，即当互动导向强时，高参与工作系统通过知识整合能力影响组织创造力的间接效应较强	支持
假设 19：互动导向正向调节高参与工作系统对组织绩效影响的间接效应，即当互动导向强时，高参与工作系统通过知识整合能力影响组织绩效的间接效应较强	支持

第7章

研究结论和研究展望

7.1 主要研究结论

本研究基于资源基础观和新制度理论,以人力资源柔性和知识整合能力为视角,探讨高参与工作系统对组织创造力及绩效的作用机制,本研究的结论对于企业管理实践具有重要的理论和现实意义。本研究在修订高参与工作系统量表的基础上,提出三个关键问题:①高参与工作系统对组织创造力及绩效的作用分析;②从人力资源柔性视角探讨高参与工作系统对于组织创造力及绩效的作用机制;③从知识整合能力视角探讨高参与工作系统对于组织创造力及绩效的作用机制。本研究逐步对以上问题进行了探讨和验证。

本章主要对本研究做一个全面总结:①概括本研究的相关结论;②提炼本研究的创新点和贡献;③提出管理启示;④总结本研究的局限性和未来研究方向。

7.1.1 高参与工作系统对组织创力及绩效的主效应

为了更加准确地反映高参与工作系统的内涵和维度,以适应中国背景下的研究,本书对高参与工作系统的量表进行了修订和检验。本研究发现,高参与工作系统是由认可实践、授权实践、能力发展实践、公平薪酬实践和信息共享实践五个维度构成的。在梳理高参与工作系统的相关文献后,以及访谈多家企业代表的基础上,通过信度分析、探索性因子分析和验证性因子分析,最后修订和检验了高参与工作系统的量表。在修订高参与工作系统量表的基础上,检验了高参与工作系统对组织创造力及组织绩效的主效应,以及组织创造力在高参与工作系统与组织绩效之间的中介作用。本研究的研究结论如下:

首先,高参与工作系统能够促进组织创造力的提升。本书发现高参与工作系统显著地正向影响组织创造力,即验证了高参与工作系统对组织创造力的直接效应。高参与工作系统通过一系列人力资源管理实践,能够有效地提高组织创造力。研究结论进一步揭示了战略人力资源管理实践对组织创造力影响的作用机理(刘新梅、王文隆,2013)。

其次,高参与工作系统对组织绩效产生积极的影响。本研究发现,高参与工作系统显著地正向影响组织绩效。研究结果进一步验证了高参与工作系统对组织绩效的直接作用,实施参与性的人力资源管理实践有利于提升组织绩效(程德俊、赵曙明,2006)。同时,本研究表明组织创造力在高参与工作系统与组织绩效之间具有中介作用,即高参与工作系统会通过组织创造力影响组织绩效。本研究的结果有利于理解高参与工作系统与组织绩效的中介作用机理,揭示了组织创造力在两者之间的中介作用,并进一步验证了组织创造力对组织绩效产生的积极影响(刘新梅、刘超、江能前,2013)。本研究的结论为探讨高参与工作系统对组织创造力及绩效的作用机理奠定了基础。

7.1.2 人力资源柔性中介作用及组织集体主义的调节效应

本研究在验证高参与工作系统对组织创造力及绩效的基础上,探讨了人力资源柔性在高参与工作系统与组织创造力及绩效之间的中介作用,以及组织集体主义的调节效应。本研究的主要结论如下。

高参与工作系统与人力资源柔性关系的验证结果表明:高参与工作系统显著地正向影响人力资源柔性。已有研究表明,高绩效工作系统和高承诺工作系统对人力资源柔性产生积极的影响(Beltrán-Martín et al.,2008;Tracey,2012)。本书的结论拓展了不同类型的人力资源管理实践对人力资源柔性的影响。同时,本研究表明高参与工作系统能够促进人力资源柔性的提升,深化了战略人力资源管理实践对于人力资源柔性的影响研究。

人力资源柔性与组织创造力及绩效关系的验证结果表明:人力资源柔性显著地正向影响组织创造力,人力资源柔性显著地正向影响组织绩效。首先,本研究的结论验证了人力资源柔性是影响组织创造力的重要因素,拓展了组织创造力的影响因素研究。这是因为人力资源柔性可以促进组织内部员工适应不同的工作岗位和工作任务,促进员工学习多样化的技能和知识,从而提升组织的人力资本、社会资本和组织资本等资源。这些资源是提升组织创造力的基础和条件(Wright et al.,2001;刘新梅、王文隆,2013)。本研究的结论有利于理解组织的人力资源柔性在促进组织创造力中的作用。其次,本研究发现人力资源柔性能够提升组织绩效,研究结果巩固和验证了已有研究关于人力资源柔性对于提升组织绩效的作用(Beltrán-Martín et al.,2008)。

人力资源柔性中介效应的验证结果表明:人力资源柔性能够中介作用于高参与工作系统与组织创造力之间的关系,即高参与工作系统通过人力资源柔性影响组织创造力。这是因为高参与工作系统通过一系列人力资源管理实践影响组织内部员工的参与性和积极性,这样能够促进组织内部员工学习多样化的技能和知识,使员工适应多样化的工作岗位和工作任务,进而提升组织的人力资源柔性。而人力资源柔性的提升能够促进组织内部员工创造性地解决问题,很容易产生新颖的和有用的想法,最终会提升组织创造力(Axtell et al.,2000)。本研究的结果揭示了高参与工作系统对组织创造力的作用路径,有助于理解人力资源柔性在促进组织创造力方面所起的作用。同时,本研究发现人力资源柔性能够中介作用于高参与工作系统与组织绩效的关系,即高参与工作系统通过人力资源柔性积极地影响组织绩效。本研究的结果揭示了高参与工作系统影响组织绩效的作用路径,拓展了已有的高绩效工作系统对组织绩效的影响研究(Beltrán-Martín et al.,2008)。

组织集体主义调节效应的分析表明:组织集体主义正向调节高参与工作系统与人力资源柔性的关系。这是因为组织集体主义能够促进组织内部的和谐,建立良好人际关系。在这种价值观的指导下,高参与工作系统能促进组织内部员工的学习,这样提升了组织的人力资本,进而影响组织的人力资源柔性(Robert & Wasti,2002;Paré & Tremblay,2007)。本研究的结论有助于理解在组织集体主义下,高参与工作系统对人力资源柔性的影响,进一步深化了不同类型的人力资源管理实践对于人力资源柔性的影响研究。同时,本研究发现组织集体主义正向调节高参与工作系统通过人力资源柔性影响组织创造力的间接效应,以及组织绩效的间接效应。本研究的结论揭示了在组织集体主义的影响下,高参与工作系统对组织创造力及绩效的作用机制,拓展了组织集体主义对创造力所起到的作用,进一步深化了集体主义对于组织创新能力的影响研究(Erez & Nouri,2010)。

7.1.3 知识整合能力中介作用及互动导向的调节效应

本研究以资源基础观和新制度理论为基础,探讨了高参与工作系统与知识整合能力对组织创造力及绩效的作用,以及知识整合能力的中介效应,并分析了互动导向的调节效应。

对知识整合能力的中介作用结果分析表明：高参与工作系统对知识整合能力产生积极的影响，知识整合能力能够促进组织创造力及绩效的提升，知识整合能力在高参与工作系统与组织创造力及绩效之间具有中介作用。本书的研究结论在一定程度上揭示人力资源系统在促进组织内部知识创造、知识转移，进而影响知识整合能力上所起到的作用，组织内部知识的整合有利于促进组织智力资本的提升，这些资源和资本是提升组织创造力及绩效的基础和条件（Wright et al.，2001）。本研究的结论有助于理解在知识整合能力视角下，高参与工作系统对组织创造力及绩效的作用机制。

对互动导向的调节效应结果分析表明：互动导向正向调节高参与工作系统与知识整合能力的关系。互动导向正向调节高参与工作系统通过知识整合能力影响组织创造力及绩效的间接效应。互动导向作为一种重要的战略导向类型，能增强企业与顾客的互动，使企业从外部获取资源（Ramani & Kumar，2008）。高参与工作系统与互动导向的互动可以把组织从外部获取的知识资源转化为组织的内部资源，而组织的人力资源管理实践有利于整合内外部资源，这样会促进组织的人力资本、社会资本和组织资本的发展。这些资源和资本是提升组织创造力及绩效的重要基础（Wright et al.，2001；刘新梅、王文隆，2013）。本研究的结论揭示了在互动导向下，高参与工作系统对组织创造力及绩效的作用机制。本书的结论有助于理解在互动导向下，人力资源系统对知识整合能力的影响，理解知识整合能力在提升组织的社会资本、人力资本中的作用，为揭示组织创造力及绩效的提升奠定理论基础。

7.2 关键创新点与研究贡献

7.2.1 修订和验证高参与工作系统量表

本研究对高参与工作系统的量表进行修订和验证，以适应中国的实际研究。以往国外研究认为高参与工作系统包括工作实践和雇佣实践（Boxall & Macky，2009），员工能力、员工激励和员工参与决策，人力资源流（HR flow）、工作设计、奖励系统和员工影响力（Chen et al.，2005），权利、信息、薪酬和知识构成（Zatzick & Iverson，2011）等多个方面的内容。由此可见，学者对于高参与工作系统的维度构成尚未达成共识。尤其在中国经济快速发展和转型的过程中，随着人口红利的消失,企业面临用工短缺和用工成本的提高,在这种背景下,高参与工作系统的维度构成能否充分反映其内涵,其测量量表是否适用于中国本土化的研究需要被纳入研究者的考虑范畴。因此,本研究在分析高参与工作系统的内涵结构及维度的基础上,通过对多家企业代表的访谈,归纳和概括高参与工作系统的量表,最后通过问卷调查验证了该量表的信度和效度。量表的探索性因子分析表明,高参与工作系统是由认可实践、授权实践、能力发展实践、公平薪酬实践和信息共享实践构成。量表的验证性因子分析、信度及效度分析表明,本研究所修订的高参与工作系统量表是合理有效的。本研究的结论有利于促进高参与工作系统的本土化研究。

在修订和验证高参与工作系统量表的基础上,本研究进一步探讨了高参与工作系统对组织创造力及绩效的影响。人力资源管理实践是影响组织创造力的重要因素,以往学者研究承诺型人力资源管理实践和控制型人力资源管理实践对组织创造力的影响,研究发现承诺型人力资源管理实践能够促进组织创造力的提升,而控制型人力资源管理实践则阻碍组织创造力的发展(刘新梅、王文隆,2013)。由此可见,不同类型的人力资源管理实践对组织创造力的影响具有差异性。高参与工作系统作为一种重要的人力资源管理实践类型,尚未有研究探讨高参与工作系统对于组织创造力的影响。本研究的创新点和研究贡献在于:

首先,本研究发现了高参与工作系统能够提升组织创造力。以往研究重点探讨人力资源管理实践对于个体创造力的影响,以及探讨承诺型和控制型人力资源管理实践对组织创造力的影响,尚未有研究探讨高参与工作系统对组织创造力的影响。本研究揭示高参与工作系统对组织创造力的直接作用,有利于理解高参与工作系统对于组织创造力的影响,拓展了组织创造力前因变量的研究,有助于在理论方法上提高组织创造力。同时,本研究拓展了战略人力资源管理实践对组织创造力的影响研究,弥补了不同类型人力资源管理实践对于组织创造力的差异性影响。

其次,高参与工作系统能够促进组织绩效的提升,组织创造力在两者之间具有中介作用。本研究的结论有助于理解高参与工作系统对于组织绩效的作用机制,拓展了以往研究从社会资本、智力资本等视角探讨高参与工作系统对组织绩效的影响(Youndt & Snell,1998;程德俊、赵曙明,2006),进一步验证了组织创造力在提升组织绩效方面具有的重要作用。

7.2.2 揭示人力资源柔性视角下高参与工作系统对组织创造力及 绩效的作用机理

人力资源管理实践对组织创造力及绩效具有重要的影响。已有研究从组织学习视角探讨了战略人力资源管理实践对于组织创造力的影响(刘新梅、王文隆,2013),还有研究从社会资本、社会网络等视角探讨高参与工作系统对组织绩效的影响(程德俊、赵曙明,2006),但尚未有研究从人力资源柔性视角探讨高参与工作系统对组织创造力及绩效的作用机制。

本研究基于资源理论观和新制度理论,从人力资源柔性视角构建了高参与工作系统对组织创造力及绩效的作用路径。本研究发现,人力资源柔性在高参与工作系统与组织创造力之间具有中介作用,人力资源柔性在高参与工作系统与组织绩效之间具有中介作用。本研究的创新点和研究贡献如下:

首先,本研究验证了人力资源柔性在高参与工作系统与组织创造力之间具有中介作用。已有研究重点探索高参与工作系统对组织绩效和组织创新的影响,少有研究探讨高参与工作系统对组织创造力的影响,尚未有研究从人力资源柔性视角探讨高参与工作系统对组织创造力的作用机制。本研究发现人力资源柔性在高参与工作系统与组织创造力之间具有中介作用。本研究的结论揭示了高参与工作系统通过一系列人力资源管理实践提升组织内部员工的积极性和参与性,促使组织内员工的交流和学习多样化的技能,从而提高员工适应不同工作岗位和工作任务的能力,进而提升组织的人力资源柔性。这种柔性能力能够提升组织内部的人力资本、社会资本和组织资本,而这些智力资本是提升组织创造力的基础和条件(Wright et al.,2001)。

其次,本研究发现高参与工作系统与组织集体主义的互动能够提升组织的人力资源柔性,进而会影响组织创造力及绩效的提升。已有研究重点关注高绩效工作系统、高承诺工作系统对人力资源柔性的影响(Beltrán-Martín et al.,2008;Tracey,2012),少有研究探讨高参与工作系统对人力资源柔性的影响,尚未有研究探讨高参与工作系统与组织集体主义的互动对人力资源柔性的影响。本研究发现两者的互动作用能够提升组织的人力资源柔性。本研究的结论揭示了组织集体主义在调节高参与工作系统与人力资源柔性关系上所起到的作用,有利于理解组织集体主义对于两者关系的影响,进而为塑造组织文化提供了理论支撑。

最后,本研究发现高参与工作系统与组织集体主义的交互能够提升组织人力资源柔性,人力资源柔性能够促进组织创造力及绩效的提升。本研究的结论揭示了在人力资源柔性视角下,高参与工作系统对组织创造力及绩效的传导机制,同时拓展了人力资源柔性在高绩效工作系统与组织绩效之间的中介作用研究(Beltrán-Martín et al.,2008)。本研究的结论还揭示了高参与工作系统与组织集体主义交互对于组织创造力及绩效的作用机制。本研究的结果有助于理解在组织集体主义价值观的指导下,高参与工作系统对组织创造力及绩效的影响,为企业重视组织集体主义价值观的作用提供理论支撑,为进一步塑造组织集体主义价值观,并发挥其实践作用奠定良好的基础。

7.2.3　揭示知识整合能力视角下高参与工作系统与组织创造力及绩效的作用机理

有学者研究发现,知识整合能力能够促进组织创新及绩效的提升(Boer et al.,1999;简兆权、吴隆增、黄静,2008)。以往研究从不同视角探讨了高参与工作系统对组织绩效的影响,近期研究开始从组织学习视角探讨战略人力资源管理实践对组织创造力的影响,但尚未有研究从知识整合能力视角探讨高参与工作系统对组织创造力及绩效的作用机制。本研究在知识整合能力视角下构建高参与工作系统与互动导向的互动对组织创造力及绩效的作用机制模型。本研究的研究创新点和研究贡献如下。

首先,本研究验证了高参与工作系统能够通过知识整合能力提升组织创造力及绩效。目前已有研究开始关注战略人力资源管理实践对组织创造力的影响,但尚未有研究从知识整合能力视角探讨高参与工作系统对组织创造力及绩效的作用路径。本研究发现知识整合能力在高参与工作系统与组织创造力之间具有中介作用。本研究的结论有助于理解高参与工作系统通过一系列人力资源管理实践影响组织创造力及绩效的作用机理。同时,本研究的结论有助于理解知识整合能力在知识管理过程中的作用,以及参与性的人力资源管理实践在提高组织的知识整合能力,提升组织内部的人力资本、社会资本和组织资本,提高组织创造力及绩效方面所起到的作用。本研究的结论深化了知识管理理论和组织创造力理论。

其次,本研究验证了高参与工作系统与互动导向的互动作用对于提升组织创造力的重要作用。近期研究探讨了战略人力资源管理实践或者战略导向对组织创造力的影响(刘新梅、王文隆,2013;刘新梅等,2013)。尚未有研究探讨两者的互动对组织创造力的作用机制,本研究弥补了这一空白点,探讨了战略人力资源管理实践与战略导向的互动对组织创造力的作用机制。本书发现互动导向正向调节高参与工作系统与组织的知识整合能力的关系,组织的知识整合能力对组织创造力产生积极的影响。本研究的结论有助于理解在不同的战略导向类型下,高参与工作系统通过知识整合能力对组织创造力产生影响,并拓展了关于市场导向、创业导向对组织创造力影响的研究(耿紫珍、刘新梅等,2012;刘新梅等,2013)。本研究的结论为企业采用何种战略导向来提高组织创造力提供了理论支撑。同时,本研究的结论还揭示了高参与工作系统对组织绩效的作用路径,有助于理解在互动导向下,高参与工作系统对组织绩效的影响,为企业采用何种战略导向来提高组织绩效提供理论支撑。

7.3　管理启示

高参与工作系统对组织创造力及绩效具有重要的影响,本研究从人力资源柔性和知识整合能力视角探讨其作用机理,研究结论对于提升组织创造力及绩效具有重要的作用。本研究的管理启示如下。

7.3.1　充分认识高参与工作系统对组织创造力及绩效的作用

本研究发现高参与工作系统能够促进组织创造力及绩效的提升。首先,在管理实践过程中,企业应该重视认可实践、授权实践、能力发展实践、公平薪酬实践和信息共享实践的整体协调性。这些实践政策是一个系统,能够有效地整合和配置组织内部资源,从而为提升组织创造力及绩效奠定基础。其次,企业应该重视组织内部员工的积极性和参与性,促进组织内部资源的有效整合,企业所整合的这些资源是提升组织创造力及绩效的基础和条件。因此,在企业管理实践活动中,一方面,企业应该重视员工的需求和特点,当他们高质量地完成工作任务时,要给予其积极的反馈,肯定他们的努力。同时,在工作的过程中给予员工更多的自主决策权,这样员工会更加灵活地解决工作中遇到的问题,高效率地完成工作任务。另一方面,企业应该重视人力资本投资,加强对组织内部员工的培训,并制定相应的培训计划和职业发展规划。同时,还要给予组织内部员工公平的薪酬,这样能使企业保留足够的人才,从而保障了组织拥有足够的人力资本。另外,企业需要建立信息共享平台,这样能使组织的人力资本通过交流和分享转化为组织的智力资本。企业信息共享平台的建立,有利于发挥员工的积极性和主动性,加强了组织内部员工的人力资本在群体之间或者组织部门之间的交流和分享,进而提升了组织的智力资本,这些资本能够提升组织创造力及绩效。

7.3.2　注重人力资源柔性对组织创造力及绩效的积极作用

企业面临动态、复杂的外部环境,组织柔性对于企业适应外部环境的变化,促进组织创新和提高组织绩效,以及获得竞争优势具有重要的作用。人力资源柔性作为组织柔性的一个重要方面,对提升组织创造力及绩效具有重要的影响。

本研究发现人力资源柔性在高参与工作系统以及组织创造力和绩效之间具有中介作用。首先,管理者应该充分认识高参与工作系统对于提升人力资源柔性的作用。企业应该重视员工能力发展实践活动,加强对员工知识和技能的相关培训,以便提高员工适应不同工作岗位和工作任务的能力,这样会提升组织的人力资源柔性。同时,企业还应该重视信息共享实践,促进组织内部员工之间、部门之间的沟通和交流,这样能够有效地促进人力资源的配置,最终提升组织的人力资源柔性。其次,管理者应该加强人力资源柔性管理,这样有利于企业提升组织内部员工适应不同工作内容和岗位的能力,员工能够快速学习到多样化的技能和知识,进而可以提升组织的人力资本、社会资本和组织资本,最终提升组织创造力及绩效。在管理实践中,一方面,企业在招聘过程中除了选择具有专业技能的员工外,还需要招聘具有多样化技能的员工,这样可以增加组织内部员工知识和技能的多样性。同时,企业还要加强对组织内部员工的培训,这样可以提升员工的工作技能和知识,以便适应不同的工作岗位和工作任务,进而会提升组织创造力及绩效。另一方面,企业需要加强组织内部的信息共享,信息共享能使组织内部员工获得较多的知识、技能和资源,这样能够提升组织的人力资源柔性,最终会提升组织创造力及绩效。

7.3.3　认识和重视高参与工作系统与互动导向的互动作用以提升组织创造力及绩效

本研究发现,高参与工作系统能够提高组织的知识整合能力,知识整合能力对组织创造力和组织绩效产生积极的影响。在管理实践中,管理者应该充分认识到高参与工作系统在提高组织知识整合能力方面的作用。高参与工作系统能够促进组织内外部资源的有效整合,员工在参与的过程中可以促进知识的创造和转移,并把组织内部的知识转化为新的知识和资源,这些知识和技能的有效传播和共享,有利于提升组织的社会资本,最终会影响组织创造力及绩效。

本研究表明,高参与工作系统与互动导向的互动通过知识整合能力对组织创造力及绩效产生重要影响。在管理实践中，一方面，企业要重视互动导向的作用。互动导向有利于企业从外部获取知识、信息和顾客的需求，从而为企业提升知识整合能力奠定基础。因此，企业要重视从顾客或者供应商那里获取知识、信息和顾客的需求等资源，而企业的人力管理实践能够整合这些资源。高参与工作系统通过一系列人力资源管理实践促进组织内部员工的参与，能够促进组织将从外部获取的知识资源在内部进行有效的整合，进而对组织的知识整合能力产生积极的影响，最终会提升组织创造力及绩效。因此，在管理实践中，企业要积极主动地寻求外部知识和信息。例如，企业可以通过客户、同行业竞争企业、大学、研究机构等获取资源，并把这些资源在组织内部进行有效的整合，最终实现组织创造力及绩效的提升。

7.3.4　认识和重视高参与工作系统与组织集体主义的互动对提升组织创造力及绩效的作用

本研究表明，组织集体主义正向调节高参与工作系统通过人力资源柔性影响组织创造力及绩效的间接效应。首先，管理者应该充分认识高参与工作系统与组织集体主义的互动对组织人力资源柔性的作用。企业要重视组织集体主义的作用，组织集体主义有利于促进组织内部的和谐。在这种文化价值观的指导下，高参与工作系统更能提升组织内部员工的积极性和参与性，有利于组织内部的知识和信息的交流和分享，促进了员工知识和技能的提升，能使员工适应不同的工作岗位，进而影响组织的人力资源柔性，最终促进组织创造力及绩效的提升。其次，在管理实践过程中，企业管理者要重视组织集体主义文化的塑造。组织集体主义可以促进组织内部的和谐性和合作性。因此，企业可以通过团队合作、跨部门协调等方式来塑造组织集体主义，在组织集体主义价值观的指导下，企业需要创造和维持一种文化环境以促进新颖的和有价值的想法产生，最终提升组织创造力及绩效。

7.4　研究局限和未来研究方向

本研究以资源基础观和新制度理论为基础，构建高参与工作系统对组织创造力及绩效的作用机制模型，并探讨人力资源柔性和知识整合能力的中介作用，同时研究高参与工作系统与组织集体主义、互动导向的交互作用如何影响组织创造力及绩效，具有一定的创新性。但是，本研究仍然存在一些局限性。

（1）本研究虽然采用套问卷的形式收集数据，问卷来自公司的员工和中高层管理者，在问卷设计的过程中采用空间分离，这样减少了同源方法偏差。尽管本研究对共同方法偏差进行了检验，结果显示共同方法偏差对研究结果不会产生较大的影响，但是这些变量之间的关系结论仍有可能因共同方法偏差的影响而产生偏差。因此，在后续的研究中可以采用多元化数据、纵向调查数据等方法，以避免共同方法偏差对结果的潜在影响。

（2）本研究主要采用横截面数据进行实证研究。这种研究方式并不能反映随着时间的变化，高参与工作系统对组织创造力及绩效的影响，以及人力资源柔性和知识整合能力对组织创造力及绩效的影响。因此，在未来研究的过程中，可以采用面板数据方法进行深入的研究。尽管本研究采用从管理者和员工处收集问卷的方式采集样本，并采用横截面数据进行分析，以检验相关假设，但是检验假设有多种方法，在以后的研究过程中可以尝试采用多元化数据、纵向调查数据的方式进行检验。

（3）在研究的过程中发现人力资源柔性显著地正向影响组织创造力，同时发现人力资源柔性在高参与工作系统与组织创造力之间具有中介作用。产生这种现象的原因在于高参与工作系统能够提升组织人力资源柔性，从而增加组织的人力资本，进而影响组织创造力，但本研究仅考虑了组织集体主义的影响，而忽略其他情景因素的影响。因此，未来可以从组织结构、组织氛围等方面进行探索性研究。

（4）本研究仅从组织层面探讨高参与工作系统对组织创造力及绩效的作用机理，在未来的研究中可以采用跨层次或多层次的研究方法来理解组织创造力在不同层次产生的现象。Woodman 等（1993）认为组织创造力是个体创造力、团队创造力与社会情境因素交互作用产生的结果，但是现有研究均聚焦于团队因素如何影响个体创造力的研究，少数研究者探索了个体创造力到团队创造力的"涌现"机理（Gong et al.，2013）。对于组织层因素如何影响个体和团队创造力，以及团队创造力如何形成组织创造力方面的研究比较缺乏，未来需要进行深入的探讨。

参考文献

［1］宝贡敏.成败背后的中国文化［M］.太原:山西经济出版社,2009.

［2］陈昊雯,李垣,刘衡.互动导向与基于顾客的创新绩效间的关系研究［J］.经济体制改革,2011(2):112-116.

［3］陈力,宣国良.以知识分享的理念重塑企业文化［J］.科学学与科学技术管理,2005,26(1):70-73.

［4］陈晓萍,徐淑英,樊景立.组织与管理研究的实证方法［M］.北京:北京大学出版社,2008.

［5］程德俊,龙静,赵曙明.高参与工作系统和组织创新绩效:社会资本的中介作用［J］.经济理论与经济管理,2011(9):66-76.

［6］程德俊,赵曙明.高参与工作系统与企业绩效:人力资本专用性和环境动态性的影响［J］.管理世界,2006(3):86-93.

［7］程德俊,赵曙明.高参与工作系统中的社会关系网络及其变革障碍［J］.中国工业经济,2006(12):90-97.

［8］杜运周,张玉利.互动导向与新企业绩效:组织合法性中介作用［J］.管理科学,2012,25(4):22-30.

［9］邓远,欧胜彬.高参与工作系统对工作绩效的影响研究:人力资源柔性的中介作用［J］.江苏商论.2014(5):64-68.

［10］耿紫珍,刘新梅,杨晨辉.战略导向、外部知识获取对组织创造力的影响［J］.南开管理评论,2012,15(4):15-27.

［11］顾琴轩,蒋琬.多层次组织创造力研究:构念、测量与研究展望［J］.贵州大学学报(社会科学版),2013,32(6):18-24.

［12］韩飞.互动导向、创新能力和新产品绩效之间的关系研究［D］.长春:吉林大学,2012.

［13］胡泓,顾琴轩,陈继祥.变革型领导对组织创造力和创新影响研究述评［J］.南开管理评论,2012,15(5):26-35.

［14］简兆权,吴隆增,黄静.吸收能力、知识整合对组织创新和组织绩效的影响

研究[J].科研管理,2008,29(1):80-96.

[15] 简兆权,吴隆增,黄静.吸收能力、关系学习及知识整合对企业创新绩效的影响研究[J].科研管理,2012,33(1):80-96.

[16] 刘善仕,刘辉健,翁赛珠.西方最佳人力资源管理模式研究[J].外国经济与管理,2005,27(3):33-39.

[17] 刘军.管理研究方法:原理与应用[M].北京:中国人民大学出版社.2008.

[18] 刘善仕,彭娟,邝颂文.人力资源管理系统、组织文化与组织绩效的关系研究[J].管理学报,2010,7(9):1282-1288.

[19] 刘新梅,刘超,江能前.组织创造力与绩效:企业家导向与过程控制的调节作用[J].科学学与科学技术管理,2013,24(11):171-180.

[20] 刘新梅,白杨,张蕊莉.组织创造力的内涵及测度[J].软科学,2011,25(4):60-62.

[21] 刘新梅,白杨,张蕊莉.组织创造力研究现状与展望[J].西安交通大学学报(社会科学版),2010,30(3):35-40.

[22] 刘新梅,耿紫珍,朱睿,等.战略导向与组织创造力:三种类型组织学习的中介作用[J].研究与发展管理,2013,25(4):104-115.

[23] 刘新梅,王文隆.战略人力资源管理实践与组织创造力关系研究:组织学习能力的中介作用[J].科技进步与对策,2013,30(21):19-24.

[24] 刘艳彬,袁平.互动导向与企业绩效关系的实证研究[J].科研管理,2012,33(8):25-34.

[25] 潘文安.关系强度、知识整合能力与供应链知识效率转移研究[J].科研管理,2012,33(1):147-153.

[26] 任浩,邓三鸿.知识管理的重要步骤——知识整合[J].情报科学,2002,20(6):650-653.

[27] 施杨,李南.高参与工作系统与企业绩效研究综述[J].科技管理研究,2009,29(12):264-267.

[28] 孙永风,李垣.基于组织内部沟通与整合能力的内外部知识整合与创新[J].中国管理科学,2005(13):56-61.

[29] 田新民.柔性人力资源管理:战略人力资源管理研究的新视角[M].上海:上海交通大学出版社,2007.

[30] 王莉红.人力资本与社会资本对创新的影响:个体与团队跨层次模型研究——基于经验学习与社会认同的作用机制[D].上海:上海交通大

学.2012.

[31] 王震,孙健敏,张瑞娟.管理者核心自我评价对下属组织公民行为的影响:道德式领导和集体主义导向的作用[J].心理学报,2012,44(9):1231－1243.

[32] 魏江,徐蕾.知识网络双重嵌入知识整合与集群企业创新能力[J].管理科学学报,2014,17(2):34－47.

[33] 吴兆春,于洪彦,田阳.互动导向、创新方式与公司绩效:基于珠三角的实证研究[J].中国科技论坛,2013(6):39－44.

[34] 谢洪明,葛志良,王成.社会资本、企业文化、知识整合与核心能力:机制与路径:华南地区企业的实证研究[J].研究与发展管理,2008,20(2):71－80.

[35] 谢洪明,吴隆增,王成.组织学习、知识整合与核心能力的关系研究[J].科学学研究,2007,25(2):312－318.

[36] 杨建君,杨慧军,马婷.集体主义文化和个人主义文化对技术创新方式的影响:信任的调节[J].管理科学,2013,26(6):1－11.

[37] 袁平.动向导向、市场环境、战略类型与企业绩效之关系研究[D].长春:吉林大学,2010.

[38] 张玉利,李乾文.公司创业导向、双元能力与组织绩效[J].管理科学学报,2009,12(1):137－152.

[39] 张正堂,李瑞.企业高绩效工作系统的内容结构与测量[J].管理世界,2015(5):100－116.

[40] AGARWAL R,THOMAS W,FERRAT T. Coping with labor scarcity in information technology: Strategies and practices for effective recruitment and retention[M]. Pinnaflex Educational Resources,1999.

[41] ALLEN N J,MEYER J P. Affective,continuance,and normative commitment to the organization: an examination of construct validity [J]. Journal of Vocational Behavior,1996,49(3): 252－276.

[42] AMABILE T M,CONTI R,COON H,et al. Assessing the work environment for creativity[J]. Academy of Management Journal,1996,39(5): 1154－1184.

[43] AMABILE T M. Creativity in context: update to the social psychology of creativity[M]. Hachette UK,1996.

［44］AMABILE T M. How to kill creativity［J］. Harvard Business Review，1998，76(5)：77－87.

［45］AMABILE T M. The social psychology of creativity：a componential conceptualization［J］. Journal of Personality and Social Psychology，1983，45(2)：357.

［46］AMABILE T M，CONTI R，COON H，et al. Assessing the work environment for creativity［J］. The Academy of Management Journal，1996，39(5)：1154－1184.

［47］AMABILE T M. Motivating creativity in organizations：on doing what you love and loving what you do［J］. California Management Review，1997，40(1)：39－58.

［48］ANDREWS M C，KACMAR K M. Discriminating among organizational politics，justice，and support［J］. Journal of Organizational Behavior，2001，22(4)：347－366.

［49］ANDREWS J，SMITH D C. In search of the marketing imagination：Factors affecting the creativity of marketing programs for mature products［J］. Journal of Marketing Research，1996，32(2)：174－187.

［50］ARAD S，HANSON M A，SCHNEIDER R J. A framework for the study of relationships between organizational characteristics and organizational innovation［J］. The Journal of Creative Behavior，1997，31(1)：42－58.

［51］ARGOTE L，MCEVILY B，REAGANS R. Managing knowledge in organizations：an integrative framework and review of emerging themes［J］. Management Science，2003，49(4)：571－582.

［52］ATKINSON J，MEAGER N. Changing working patterns：how companies achieve flexibility to meet new needs［R］. Institute of Manpower Studies，National Economic Development Office，London，1986.

［53］ATKINSON J. Manpower strategies for flexible organisations［J］. Personnel Management，1984，16(8)：28－31.

［54］AXTELL C M，HOLMAN D J，UNSWORTH K L，et al. Shopfloor innovation：facilitating the suggestion and implementation of ideas［J］.

Journal of Occupational and Organizational Psychology，2000，73(3)：265 - 285.

[55] BAIRD L，MESHOULAM I. Managing two fits of strategic human resource management[J]. Academy of Management Review，1988，13(1)：116 - 128.

[56] BAKER W E，SINKULA J M. The complementary effects of market orientation and entrepreneurial orientation on profitability in small businesses[J]. Journal of Small Business Management，2009，47(4)：443 - 464.

[57] BARNEY J. Firm resources and sustained competitive advantage[J]. Journal of Management，1991，17(1)：99 - 120.

[58] BARON R M，KENNY D A. The moderator-mediator variable distinction in social psychological research：conceptual，strategic，and statistical considerations [J]. Journal of Personality and Social Psychology，1986，51(6)：1173 - 1182.

[59] BARRON F，HARRINGTON D M. Creativity，intelligence，and personality[J]. Annual Review of Psychology，1981，32(1)：439 - 476.

[60] BATT R. Managing customer services：human resource practices，quit rates，and sales growth[J]. Academy of Management Journal，2002，45(3)：587 - 597.

[61] BEHERY M. High involvement work practices that really count：perspectives from the UAE[J]. International Journal of Commerce and Management，2011，21(1)：21 - 45.

[62] BELTRÁN-MARTÍN I，ROCA-PUIG V，ESCRIG-TENA A，et al. Human resource flexibility as a mediating variable between high performance work systems and performance[J]. Journal of Management，2008，34(5)：1009 - 1044.

[63] BENDAPUDI N，LEONE R P. Psychological implications of customer participation in co-production[J]. Journal of Marketing，2003，67(1)：14 - 28.

[64] BENSON G S，YOUNG S M，LAWLER III E E. High-involvement work practices and analysts' forecasts of corporate earnings[J]. Human

Resource Management，2006，45(4)：519 - 537.

[65] BHARADWA J S，MENON A. Making innovation happen in organizations：individual creativity mechanisms，organizational creativity mechanisms or both？[J]. Journal of Product Innovation Management，2000，17(6)：424 - 434.

[66] BHATTACHARYA M，GIBSON D E，DOTY D H. The effects of flexibility in employee skills，employee behaviors，and human resource practices on firm performance[J]. Journal of Management，2005，31(4)：622 - 640.

[67] BIRD A，BEECHLER S. Links between business strategy and human resource management strategy in US-based Japanese subsidiaries：An empirical investigation[J]. Journal of International Business Studies，1995，26(1)：23 - 46.

[68] BITNER M J，FARANDA W T，HUBBERT A R，et al. Customer contributions and roles in service delivery[J]. International Journal of Service Industry Management，1997，8(3)：193 - 205.

[69] BLAKE R R，MOUTON J S. The management grid III：a new look at the classic that has boosted productivity and profits for thousands of corporations worldwide[M]. Houston，TX：Gulf Publishing Co，1985.

[70] BLYTON P，MORRIS J. A flexible future：aspects of the flexibility debates and some unresolved issues[J]. A Flexible Future，1991：1 - 21.

[71] BOWEN D E，OSTROFF C. Understanding HRM-firm performance linkages：The role of the "strength" of the HRM system[J]. Academy of Management Review，2004，29(2)：203 - 221.

[72] BOXALL P，MACKY K. Research and theory on high-performance work systems：progressing the high-involvement stream[J]. Human Resource Management Journal，2009，19(1)：3 - 23.

[73] BÖCKERMAN P，BRYSON A，ILMAKUNNAS P. Does high involvement management improve worker wellbeing？[J]. Journal of Economic Behavior & Organization，2012，84(2)：660 - 680.

[74] BUSHMAN R M，INDJEJIKIAN R J，SMITH A. CEO compensation：The role of individual performance evaluation[J]. Journal of Accounting

and Economics，1996，21(2)：161 – 193.

[75] CAMELO-ORDAZ C，GARCIA-CRUZ J，SOUSA-GINEL E，et al. The influence of human resource management on knowledge sharing and innovation in Spain：the mediating role of affective commitment[J]. The International Journal of Human Resource Management，2011，22(7)：1442 – 1463.

[76] CAMPS J，LUNA-AROCAS R. High involvement work practices and firm performance[J]. The International Journal of Human Resource Management，2009，20(5)：1056 – 1077.

[77] CARMELI A，AZEROUAL B. How relational capital and knowledge combination capability enhance the performance of work units in a high technology industry[J]. Strategic Entrepreneurship Journal，2009，3(1)：85 – 103.

[78] CARMINES E G，MCIVER J P. Analyzing models with unobserved variables：analysis of covariance structures[J]. Social Measurement：Current Issues，1981：65 – 115.

[79] CARROL J. B. Domains of cognitive ability[C]. Paper presented at the meeting of the American Association for the Advancement of Science，Los Angeles. 1985.

[80] CERMAK D S P，FILE K M，PRINCE R A. A benefit segmentation of the major donor market[J]. Journal of Business Research，1994，29(2)：121 – 130.

[81] CHANG S，GONG Y，WAY S A，et al. Flexibility-oriented HRM systems，absorptive capacity，and market responsiveness and firm innovativeness[J]. Journal of Management，2013，39(7)：1924 – 1951.

[82] CHEN M H，CHANG Y C. The dynamics of conflict and creativity during a project's life cycle：a comparative study between service-driven and technology-driven teams in Taiwan[J]. International Journal of Organizational Analysis，2005，13(2)：127 – 150.

[83] CHEN M H. Understanding the benefits and detriments of conflict on team creativity process[J]. Creativity and Innovation Management，2006，15(1)：105 – 116.

［84］ CHEN S J，LAWLER J J，BAE J. Convergence in human resource systems：a comparison of locally owned and MNC subsidiaries in Taiwan ［J］. Human Resource Management，2005，44（3）：237 – 256.

［85］ CHEN Y C，LI P C，EVANS K R. Effects of interaction and entrepreneurial orientation on organizational performance：insights into market driven and market driving［J］. Industrial Marketing Management，2012，41（6）：1019 – 1034.

［86］ CHOI H S，THOMPSON L. Old wine in a new bottle：Impact of membership change on group creativity［J］. Organizational Behavior and Human Decision Processes，2005，98（2）：121 – 132.

［87］ CLAYCOMB C，LENGNICK-HALL C A，INKS L W. The customer as a productive resource：a pilot study and strategic implications［J］. Journal of Business Strategies，2001，18（1）：47 – 69.

［88］ COBB A T，WOOTEN K C，FOLGER R. Justice in the making：Toward understanding the theory and practice of justice in organizational change and development［J］. Research in Organizational Change and Development，1995，8（1）：243 – 295.

［89］ COLLINS C J，CLARK K D. Strategic human resource practices，top management team social networks，and firm performance：the role of human resource practices in creating organizational competitive advantage［J］. Academy of Management Journal，2003，46（6）：740 – 751.

［90］ COLLINS C J，SMITH K G. Knowledge exchange and combination：the role of human resource practices in the performance of high-technology firms［J］. Academy of Management Journal，2006，49（3）：544 – 560.

［91］ COOKER F L，SAINI D S. （How）does the HR strategy support an innovation oriented business strategy? An investigation of institutional context and organizational practices in Indian firms ［J］. Human Resource Management，2010，49（3）：377 – 400.

［92］ CORTINA J M. What is coefficient alpha? An examination of theory and applications［J］. Journal of Applied Psychology，1993，78（1）：98 – 104.

[93] DAMANPOUR F. Organizational innovation: a meta-analysis of effects of determinants and moderators[J]. Academy of Management Journal, 1991, 34(3): 555 - 590.

[94] DAUGHERTY P J, CHEN H, FERRIN B G. Organizational structure and logistics service innovation[J]. International Journal of Logistics Management, 2011, 22(1): 26 - 51.

[95] DE BOER M, VAN DEN BOSCH F A J, VOLBERDA H W. Managing organizational knowledge integration in the emerging multimedia complex[J]. Journal of Management Studies, 1999, 36(3): 379 - 398.

[96] DESS G G, ROBINSON R B. Measuring organizational performance in the absence of objective measures: the case of the privately-held firm and conglomerate business unit [J]. Strategic Management Journal, 1984, 5(3): 265 - 273.

[97] DEWETT T. Linking intrinsic motivation, risk taking, and employee creativity in an R&D environment[J]. R&D Management, 2007, 37(3): 197 - 208.

[98] DORFMAN P W, HOWELL J P. Dimensions of national culture and effective leadership patterns: Hofstede revisited [J]. Advances in International Comparative Management, 1988, 3(1):127 - 150.

[99] DYER L, REEVES T. Human resource strategies and firm performance: what do we know and where do we need to go? [J]. International Journal of Human Resource Management, 1995, 6(3): 656 -670.

[100] EARLEY P C. East meets West meets Mideast: further explorations of collectivistic and individualistic work groups [J]. Academy of Management Journal, 1993, 36(2): 319 - 348.

[101] EBY L T, DOBBINS G H. Collectivistic orientation in teams: an individual and group—level analysis[J]. Journal of Organizational Behavior, 1997, 18(3): 275 - 295.

[102] EBY L T, FREEMAN D M, RUSH M C, et al. Motivational bases of affective organizational commitment: a partial test of an integrative theoretical model [J]. Journal of Occupational and Organizational

Psychology，1999，72(4)：463－483.

[103] EDMONDSON A. Psychological safety and learning behavior in work teams[J]. Administrative Science Quarterly，1999，44(2)：350－383.

[104] EDWARDS P，WRIGHT M. High-involvement work systems and performance outcomes：the strength of variable，contingent and context-bound relationships [J]. International Journal of Human Resource Management，2001，12(4)：568－585.

[105] ELENKOV D S，JUDGE W，WRIGHT P. Strategic leadership and executive innovation influence：an international multi-cluster comparative study[J]. Strategic Management Journal，2005，26(7)：665－682.

[106] EREZ M，NOURI R. Creativity：The influence of cultural，social，and work contexts[J]. Management and Organization Review，2010，6(3)：351－370.

[107] FAGAN M H. The influence of creative style and climate on software development team creativity：an exploratory study[J]. Journal of Computer Information Systems，2004，44(3)：73－81.

[108] FILE K M，JUDD B B，PRINCE R A. Interactive marketing：the influence of participation on positive word-of-mouth and referrals[J]. Journal of Services Marketing，1992，6(4)：5－14.

[109] FITZSIMMONS J A. Consumer participation and productivity in service operations[J]. Interfaces，1985，15(3)：60－67.

[110] FURNHAM A，GUNTER B. Corporate culture：definition，diagnosis and change[J]. International Review of Organizational Psychology，1993(8)：233－261.

[111] GARUD R，NAYYAR P R. Transformative capacity：continual structuring by intertemporal technology transfer [J]. Strategic Management Journal，1994，15(5)：365－385.

[112] GEORGE J M，ZHOU J. Understanding when bad moods foster creativity and good ones don't：the role of context and clarity of feelings[J]. Journal of Applied Psychology，2002，87(4)：687－697.

[113] GEORGSDOTTIR A S，GETZ I. How flexibility facilitates innovation

and ways to manage it in organizations[J]. Creativity and Innovation Management, 2004, 13(3): 166 - 175.

[114] GILSON L L, SHALLEY C E. A little creativity goes a long way: an examination of teams' engagement in creative processes[J]. Journal of Management, 2004, 30(4): 453 - 470.

[115] GILSON L L. Diversity, dissimilarity and creativity: does group composition or being different enhance or hinder creative performance [C]. Academy of Management Meetings, Washington, DC, 2001.

[116] GONCALO J A, STAW B M. Individualism-collectivism and group creativity[J]. Organizational Behavior and Human Decision Processes, 2006, 100(1): 96 - 109.

[117] GONG Y, KIM T Y, LEE D R, et al. A multilevel model of team goal orientation, information exchange, and creativity[J]. Academy of Management Journal, 2013, 56(3): 827 - 851.

[118] GOUGH I. The political economy of the welfare state (critical texts in social work & the welfare state)[M]. Palgrave Macmillan, 1979.

[119] GRANT R M. Toward a knowledge-based theory of the firm[J]. Strategic Management Journal, 1996, 17(S2): 109 - 122.

[120] GREWAL R, TANSUHAJ P. Building organizational capabilities for managing economic crisis: the role of market orientation and strategic flexibility[J]. Journal of Marketing, 2001, 65(2): 67 - 80.

[121] GROTH M. Customers as good soldiers: examining citizenship behaviors in internet service deliveries[J]. Journal of Management, 2005, 31(1): 7 - 27.

[122] GUERRERO S, BARRAUD-DIDIER V. High-involvement practices and performance of French firms[J]. The international journal of Human Resource management, 2004, 15(8): 1408 - 1423.

[123] GUPTA A K, TESLUK P E, TAYLOR M S. Innovation at and across multiple levels of analysis[J]. Organization Science, 2007, 18 (6): 885 -897.

[124] GUTHRIE J P, SPELL C S, NYAMORI R O. Correlates and consequences of high involvement work practices: the role of

competitive strategy［J］. International Journal of Human Resource Management，2002，13(1)：183 - 197.

［125］GUTHRIE J P. High-involvement work practices，turnover，and productivity：evidence from New Zealand ［J］. Academy of Management Journal，2001，44(1)：180 - 190.

［126］GUZZO R A，NOONAN K A. Human resource practices as communications and the psychological contract［J］. Human Resource Management，1994，33(3)：447 - 462.

［127］HAIR J F，ANDERSON R E，TATHAM R L，et al. Multivariate data analysis with readings［M］. New York：Macmillan，1992.

［128］HAKIM C. Core and periphery in employers' workforce strategies：evidence from the 1987 ELUS survey ［J］. Work，Employment & Society，1990，4(2)：157 - 188.

［129］HAN J K，KIM N，SRIVASTAVA R K. Market orientation and organizational performance：is innovation a missing link? ［J］. The Journal of Marketing，1998，62(4)：30 - 45.

［130］HARMON J，SCOTTI D J，BEHSON S，et al. Effects of high-involvement work systems on employee satisfaction and service costs in veterans healthcare［J］. Journal of Healthcare Management，2003，48(6)：393 - 405.

［131］HARRINGTON D. M. The ecology of human creativity：a psychological perspective［J］. Theories of Creativity，1990(115)：143 - 169.

［132］HAYES A F. Introduction to mediation，moderation，and conditional process analysis：a regression-based approach［M］. New York：Guilford，2013.

［133］HENDERSON R M，CLARK K B. Architectural innovation：the reconfiguration of existing ［J］. Administrative Science Quarterly，1990，35(1)：9 - 30.

［134］HIRST G，VAN KNIPPENBERG D，ZHOU J. A cross-level perspective on employee creativity：goal orientation，team learning behavior，and individual creativity ［J］. Academy of Management Journal，2009，

52(2)：280 - 293.

[135] HINKIN T R. A brief tutorial on the development of measures for use in survey questionnaires[J]. Organizational Research Methods，1998，1(1)：104 - 121.

[136] HITT M A，KEATS B W，DEMARIE S M. Navigating in the new competitive landscape：Building strategic flexibility and competitive advantage in the 21st century[J]. The Academy of Management Executive，1998，12(4)：22 - 42.

[137] HOEKSTRA J C，HUIZINGH E K R E. The lifetime value concept in customer-based marketing[J]. Journal of Market-Focused Management，1999，3(3 - 4)：257 - 274.

[138] HOEKSTRA J C，LEEFLANG P S H，WITTINK D R. The customer concept：the basis for a new marketing paradigm[J]. Journal of Market-Focused Management，1999，4(1)：43 - 76.

[139] HOFSTEDE G. Culture and organizations[J]. International Studies of Management & Organization，1980，10(4)：15 - 41.

[140] HUANG H J，CULLEN J B. Labour flexibility and related HRM practices：a study of large Taiwanese manufacturers[J]. Canadian Journal of Administrative Sciences/Revue Canadienne des Sciences de l'Administration，2001，18(1)：33 - 39.

[141] HU L，BENTLER P M. Cutoff criteria for fit indexes in covariance structure analysis：conventional criteria versus new alternatives[J]. Structural Equation Modeling：A Multidisciplinary Journal，1999，6(1)：1 - 55.

[142] IANSITI M，CLARK K B. Integration and dynamic capability：evidence from product development in automobiles and mainframe computers[J]. Industrial and Corporate Change，1994，3(3)：557 - 605.

[143] INKPEN A C，DINUR A. Knowledge management processes and international joint ventures[J]. Organization Science，1998，9(4)：454 -468.

[144] JACKSON C L，COLQUITT J A，WESSON M J，et al. Psychological

collectivism：a measurement validation and linkage to group member performance[J]. Journal of Applied Psychology，2006，91(4)：884 – 899.

[145] JAMES L R，DEMAREE R G，WOLF G. Estimating within-group interacter reliability with and without response bias[J]. Journal of Applied Psychology，1984，69(1)：85 – 98.

[146] KANFER R，ACKERMAN P L，STERNBERG R J. Dynamics of skill acquisition：Building a bridge between intelligence and motivation[J]. Advances in the Psychology of Human Intelligence，1989(5)：83 – 134.

[147] KAPLAN R S，NORTON D P. Using the balanced scorecard as a strategic management system[J]. Harvard Business Review，1996，74(1)：75 – 85.

[148] KARA S，KAYIS B，O'KANE S. The role of human factors in flexibility management：a survey[J]. Human Factors and Ergonomics in Manufacturing & Service Industries，2002，12(1)：75 – 119.

[149] KELLIHER C，RILEY M. Beyond efficiency：some by-products of functional flexibility[J]. The Service Industries Journal，2003，23(4)：98 – 113.

[150] KIRKMAN B L，LOWE K B，GIBSON C B. A quarter century of culture's consequences：a review of empirical research incorporating Hofstede's cultural values framework[J]. Journal of International Business Studies，2006，37(3)：285 – 320.

[151] KOGUT B，ZANDER U. Knowledge of the firm，combinative capabilities，and the replication of technology[J]. Organization Science，1992，3(3)：383 – 397.

[152] KOHLI A K，JAWORSKI B J. Market orientation：the construct，research propositions，and managerial implications[J]. The Journal of Marketing，1990，54(2)：1 – 18.

[153] KUMAR K. Market orientation，organizational competencies and performance：an empirical investigation of a path-analytic model[J]. Journal of American Academy of Business，2002，1(2)：371 – 376.

[154] LADO A A，WILSON M C. Human resource systems and sustained

competitive advantage: a competency-based perspective[J]. Academy of Management Review, 1994, 19(4): 699 - 727.

[155] LADO N, MAYDEU-OLIVARES A. Exploring the link between market orientation and innovation in the European and US insurance markets[J]. International Marketing Review, 2001, 18(2): 130 - 145.

[156] LAURSEN K, FOSS N J. New human resource management practices, complementarities and the impact on innovation performance [J]. Cambridge Journal of Economics, 2003, 27(2): 243 - 263.

[157] LAWLER E E. The ultimate advantage: creating the high-involvement organization[M]. San Francisco: Jossey-Bass, 1992.

[158] LAWLER III E E. High-Involvement Management. Participative Strategies for Improving Organizational Performance[M]. Jossey-Bass Inc., 1986.

[159] LEANA C R, FLORKOWSKI G W. Employee involvement programs: integrating psychological theory and management practice [J]. Research in Personnel and Human Resources Management, 1992(10): 233 - 270.

[160] LEE C C, YANG J. Knowledge value chain [J]. Journal of Management Development, 2000, 19(9): 783 - 794.

[161] LEE H, CHOI B. Knowledge management enablers, processes, and organizational performance: an integrative view and empirical examination[J]. Journal of Management Information Systems, 2003, 20(1): 179 - 228.

[162] LEENDERS R T A J, VAN ENGELEN J M L, KRATZER J. Virtuality, communication, and new product team creativity: a social network perspective [J]. Journal of Engineering and Technology Management, 2003, 20(1): 69 - 92.

[163] LEUZ C, NANDA D, WYSOCKI P D. Earnings management and investor protection: an international comparison [J]. Journal of Financial Economics, 2003, 69(3): 505 - 527.

[164] LEVINE D I. Reinventing the workplace: how business and employees can both win[J]. Long Range Planning, 1996, 29(3):430 - 431.

[165] LI Y，LIU Y，DUAN Y，et al. Entrepreneurial orientation，strategic flexibilities and indigenous firm innovation in transitional China[J]. International Journal of Technology Management，2008，41(1)：223 – 246.

[166] LI Y，WEI Z，LIU Y. Strategic orientations，knowledge acquisition，and firm performance：the perspective of the vendor in cross-border outsourcing[J]. Journal of Management Studies，2010，47(8)：1457 – 1482.

[167] LI Y，ZHAO Y，LIU Y. The relationship between HRM，technology innovation and performance in China[J]. International Journal of Manpower，2006，27(7)：679 – 697.

[168] LIN B W，CHEN C J. Fostering product innovation in industry networks：the mediating role of knowledge integration[J]. The International Journal of Human Resource Management，2006，17(1)：155 – 173.

[169] LIN X，GERMAIN R. Organizational structure，context，customer orientation，and performance：lessons from Chinese state-owned enterprises[J]. Strategic Management Journal，2003，24(11)：1131 – 1151.

[170] LIU P L，CHEN W C，TSAI C H. An empirical study on the correlation between the knowledge management method and new product development strategy on product performance in Taiwan's industries[J]. Technovation，2005，25(6)：637 – 644.

[171] LIOYD A E. The role of culture on customer participation in services [D]. Hong Kong：The Hong Kong Polytechnic University，2003.

[172] LOOISE J C，VAN RIEMSDIJK M，DE LANGE F. Company labour flexibility strategies in the Netherlands：an institutional perspective[J]. Employee Relations，1998，20(5)：461 – 482.

[173] LOVELOCK C H，YOUNG R F. Look to consumers to increase productivity[J]. Harvard Business Review，1979，57(3)：168 – 178.

[174] LUKAS B A，FERRELL O C. The effect of market orientation on product innovation[J]. Journal of the Academy of Marketing Science，

2000，28(2)：239 - 247.

[175] LUSCH R F，VARGO S L. Service-dominant logic：reactions，reflections and refinements[J]. Marketing Theory，2006，6(3)：281 - 288.

[176] MADJAR N，OLDHAM G R，PRATT M G. There's no place like home? The contributions of work and nonwork creativity support to employees' creative performance [J]. Academy of Management Journal，2002，45(4)：757 - 767.

[177] MADU C N，KUEI C H，JACOB R A. An empirical assessment of the influence of quality dimensions on organizational performance [J]. International Journal of Production Research，1996，34(7)：1943 - 1962.

[178] MARTINS E C，TERBLANCHE F. Building organizational culture that stimulates creativity and innovation[J]. Journal of Innovation Management，2003，6(1)：64 - 74.

[179] MCLEOD P L，LOBEL S A. The effects of ethnic diversity on idea generation in small groups[J]. Academy of Management Proceedings，1992(1)：227 - 231.

[180] MCMAHAN G C，BELL M P，VIRICK M. Strategic human resource management：Employee involvement，diversity，and international issues[J]. Human Resource Management Review，1998，8(3)：193 - 214.

[181] MEHTA N，BYRD T，HALL D. Knowledge integration in software teams：an assessment of team project and IT-related issues[D]. Auburn University，2006.

[182] MEZIAS J M，MEZIAS S J. Resource partitioning，the founding of specialist firms，and innovation：The American feature film industry，1912—1929[J]. Organization Science，2000，11(3)：306 - 322.

[183] MENGUC B，AUH S. Development and return on execution of product innovation capabilities：the role of organizational structure [J]. Industrial Marketing Management，2010，39(5)：820 - 831.

[184] MENDELSON M B，TURNER N，BARLING J. Perceptions of the

presence and effectiveness of high involvement work systems and their relationship to employee attitudes: a test of competing models[J]. Personnel Review, 2011, 40(1): 45 - 69.

[185] MEYER J P, ALLEN N J. Commitment in the workplace: Theory, research, and application[M]. Sage, 1997.

[186] MEYER J W, ROWAN B. Institutionalized organizations: Formal structure as myth and ceremony[J]. American Journal of Sociology, 1977, 83(2): 340 - 363.

[187] MEYER J P, SMITH C A. HRM practices and organizational commitment: Test of a mediation model[J]. Canadian Journal of Administrative Sciences/Revue canadienne des sciences de l'administration, 2000, 17(4): 319 - 331.

[188] MICHIE J, SHEEHAN—QUINN M. Labour market flexibility, human resource management and corporate performance[J]. British Journal of Management, 2001, 12(4): 287 - 306.

[189] MILES R E, SNOW C C, MEYER A D, et al. Organizational strategy, structure, and process[J]. Academy of Management Review, 1978, 3(3): 546 - 562.

[190] MILLIMAN J, VON GLINOW M A, NATHAN M. Organizational life cycles and strategic international human resource management in multinational companies: implications for congruence theory [J]. Academy of Management Review, 1991, 16(2): 318 - 339.

[191] MINBAEVA D, PEDERSEN T, BJÖRKMAN I, et al. MNC knowledge transfer, subsidiary absorptive capacity, and HRM[J]. Journal of International Business Studies, 2003, 34(6): 586 - 599.

[192] MITCHELL V L. Knowledge integration and information technology project performance[J]. MIS Quarterly, 2006, 30(4): 919 - 939.

[193] MOHR R D, ZOGHI C. High-involvement work design and job satisfaction[J]. Industrial and Labor Relations Review, 2008, 61(3): 275 - 296.

[194] MUMFORD M D, WHETZEL D L, REITER-PALMON R. Thinking creatively at work: Organization influences on creative problem

solving[J]. The Journal of Creative Behavior，1997，31(1)：7 - 17.

[195] MUMFORD M D. Managing creative people：Strategies and tactics for innovation[J]. Human Resource Management Review，2000，10(3)：313 - 351.

[196] MUMFORD M D，SCOTT G M，GADDIS B，et al. Leading creative people：orchestrating expertise and relationships[J]. The Leadership Quarterly，2002，13(6)：705 - 750.

[197] MURPHY G B，TRAILER J W，HILL R C. Measuring performance in entrepreneurship research[J]. Journal of Business Research，1996，36(1)：15 - 23.

[198] NONAKA I，TAKEUCHI H. The knowledge-creating company：how Japanese companies create the dynamics of innovation[M]. Oxford University Press，1995.

[199] NONAKA I，TOYAMA R，KONNO N. SECI，Ba and leadership：a unified model of dynamic knowledge creation [J]. Long Range Planning，2000，33(1)：5 - 34.

[200] NONAKA I. A dynamic theory of organizational knowledge creation [J]. Organization Science，1994，5(1)：14 - 37.

[201] OETZEL J G. Explaining individual communication processes in homogeneous and heterogeneous groups through individualism-collectivism and self-construal[J]. Human Communication Research，1998，25(2)：202 - 224.

[202] OFORI G，DEBRAH Y A. Flexible management of workers：review of employment practices in the construction industry in Singapore[J]. Construction Management & Economics，1998，16(4)：397 - 408.

[203] O'NEILL O A，FELDMAN D C，VANDENBERG R J，et al. Organizational achievement values，high-involvement work practices，and business unit performance[J]. Human Resource Management，2011，50(4)：541 - 558.

[204] ORDIZ-FUERTES M，FERNÁNDEZ-SÁNCHEZ E. High-involvement practices in human resource management：concept and factors that motivate their adoption[J]. International Journal of Human Resource

Management，2003，14(4)：511 – 529.

[205] O'REGAN N，GHOBADIAN A. Innovation in SMEs：the impact of strategic orientation and environmental perceptions[J]. International Journal of Productivity and Performance Management，2005，54(2)：81 – 97.

[206] PARÉ G，TREMBLAY M. The influence of high-involvement human resources practices，procedural justice，organizational commitment，and citizenship behaviors on information technology professionals' turnover intentions[J]. Group & Organization Management，2007，32(3)：326 – 357.

[207] PARKER S K，AXTELL C M. Seeing another viewpoint：Antecedents and outcomes of employee perspective taking [J]. Academy of Management Journal，2001，44(6)：1085 – 1100.

[208] PELHAM A M，WILSON D T. A longitudinal study of the impact of market structure，firm structure，strategy，and market orientation culture on dimensions of small-firm performance[J]. Journal of the Academy of Marketing Science，1995，24(1)：27 – 43.

[209] PELLED L H，EISENHARDT K M，XIN K R. Exploring the black box：an analysis of work group diversity，conflict and performance[J]. Administrative Science Quarterly，1999，44(1)：1 – 28.

[210] PFEFFER J，VEIGA J F. Putting people first for organizational success[J]. The Academy of Management Executive，1999，13(2)：37 – 48.

[211] PIL F K，MACDUFFIE J P. The adoption of high-involvement work practices[J]. Industrial Relations：A Journal of Economy and Society，1996，35(3)：423 – 455.

[212] PILLAI R，MEINDL J R. Context and charisma：a "meso" level examination of the relationship of organic structure，collectivism，and crisis to charismatic leadership[J]. Journal of Management，1998，24(5)：643 – 671.

[213] PINE B J，GILMORE J H. Welcome to the experience economy[J]. Harvard Business Review，1998(76)：97 – 105.

[214] PISANO G P. Knowledge，integration，and the locus of learning：an empirical analysis of process development[J]. Strategic Management Journal，1994，15(S1)：85 - 100.

[215] PODSAKOFF P M，ORGAN D W. Self-reports in organizational research：problems and prospects[J]. Journal of Management，1986，12(4)：531 - 544.

[216] PRAHALAD C K，RAMASWAMY V. Co-opting customer competence[J]. Harvard Business Review，2000，78(1)：79 - 90.

[217] PRAHALAD C K，RAMASWAMY V. The co-creation connection[J]. Strategy and Business，2002，27(2)：50 - 61.

[218] PREACHER K J，RUCKER D D，HAYES A F. Addressing moderated mediation hypotheses：Theory，methods，and prescriptions [J]. Multivariate Behavioral Research，2007，42(1)：185 - 227.

[219] PULAKOS E D，ARAD S，DONOVAN M A，et al. Adaptability in the workplace：development of a taxonomy of adaptive performance[J]. Journal of Applied Psychology，2000，85(4)：612 - 624.

[220] QUINN R E，ROHRBAUGH J. A spatial model of effectiveness criteria：towards a competing values approach to organizational analysis[J]. Management Science，1983，29(3)：363 - 377.

[221] RAMAMOORTHY N，KULKARNI S P，GUPTA A，et al. Individualism-collectivism orientation and employee attitudes：a comparison of employees from the high-technology sector in India and Ireland[J]. Journal of International Management，2007，13(2)：187 - 203.

[222] RAMANI G，KUMAR V. Interaction orientation and firm performance[J]. Journal of Marketing，2008，72(1)：27 - 45.

[223] RAMANUJAM V，VENKATRAMAN N，CAMILLUS J C. Multi-objective assessment of effectiveness of strategic planning：a discriminant analysis approach[J]. Academy of Management Journal，1986，29(2)：347 - 372.

[224] RAYPORT J F，JAWORSKI B J. Best face forward：improving companies' service interfaces with customers[J]. Journal of Interactive

Marketing，2005，19(4)：67 – 80.

[225] REDMOND M R，MUMFORD M D，TEACH R. Putting creativity to work：effects of leader behavior on subordinate creativity [J]. Organizational Behavior and Human Decision Processes，1993，55(1)：120 – 151.

[226] RHOADES L，EISENBERGER R. Perceived organizational support：a review of the literature[J]. Journal of Applied Psychology，2002，87 (4)：698 – 714.

[227] ROBERT C，WASTI S A. Organizational individualism and collectivism：theoretical development and an empirical test of a measure[J]. Journal of Management，2002，28(4)：544 – 566.

[228] RODWELL J J，KIENZLE R，SHADUR M A. The relationship among work-related perceptions，employee attitudes，and employee performance：the integral role of communications [J]. Human Resource Management，1998，37(3 – 4)：277 – 293.

[229] RUEKERT R W，WALKER JR O C，ROERING K J. The organization of marketing activities：a contingency theory of structure and performance[J]. The Journal of Marketing，1985，49(1)：13 – 25.

[230] RUIZ-JIMÉNEZ J M，DEL MAR FUENTES-FUENTES M. Knowledge combination，innovation，organizational performance in technology firms[J]. Industrial Management & Data Systems，2013，113(4)：523 – 540.

[231] SALAVOU H，BALTAS G，LIOUKAS S. Organizational innovation in SMEs：the importance of strategic orientation and competitive structure[J]. European Journal of Marketing，2004，38(9/10)：1091 – 1112.

[232] SCHWARTZ S H. A theory of cultural values and some implications for work[J]. Applied Psychology，1999，48(1)：23 – 47.

[233] SCOTT S G，BRUCE R A. Determinants of innovative behavior：a path model of individual innovation in the workplace[J]. Academy of Management Journal，1994，37(3)：580 – 607.

[234] SHALLEY C E，ZHOU J，OLDHAM G R. The effects of personal

and contextual characteristics on creativity: where should we go from here? [J]. Journal of Management, 2004, 30(6): 933 - 958.

[235] SHALLEY C E. Effects of coaction, expected evaluation, and goal setting on creativity and productivity[J]. Academy of Management Journal, 1995, 38(2): 483 - 503.

[236] SHALLEY C E. Effects of productivity goals, creativity goals, and personal discretion on individual creativity[J]. Journal of Applied Psychology, 1991, 76(2): 179 - 185.

[237] SHALLEY C E, GILSON L L. What leaders need to know: a review of social and contextual factors that can foster or hinder creativity[J]. The Leadership Quarterly, 2004, 15(1):33 - 53.

[238] SHIH H A, CHIANG Y H, HSU C C. High-involvement work systems, work-family conflict, and expatriate performance-examining Taiwanese expatriates in China [J]. The International Journal of Human Resource Management, 2010, 21(11): 2013 - 2030.

[239] SHIPTON H, WEST M A, DAWSON J, et al. HRM as a predictor of innovation[J]. Human Resource Management Journal, 2006, 16(1): 3 - 27.

[240] SLATER S F, NARVER J C. The positive effect of a market orientation on business profitability: a balanced replication[J]. Journal of Business Research, 2000, 48(1): 69 - 73.

[241] TAN J, LITSSCHERT R J. Environment-strategy relationship and its performance implications: an empirical study of the Chinese electronics industry[J]. Strategic Management Journal, 1994, 15(1): 1 - 20.

[242] TEECE D J, PISANO G, SHUEN A. Dynamic capabilities and strategic management[J]. Strategic Management Journal, 1997, 18(7): 509 - 533.

[243] TEIGLAND R, WASKO M M L. Integrating knowledge through information trading: examining the relationship between boundary spanning communication and individual performance [J]. Decision Sciences, 2003, 34(2): 261 - 286.

[244] THALMANN J, BRETTEL M. Antecedents of interaction orientation: the influence of organizational and behavioral characteristics [J]. Journal of Strategic Marketing, 2012, 20(5): 425 – 445.

[245] TIWANA A, RAMESH B. A design knowledge management system to support collaborative information product evolution [J]. Decision Support Systems, 2001, 31(2): 241 – 262.

[246] TIWANA A. An empirical study of the effect of knowledge integration on software development performance[J]. Information and Software Technology, 2004, 46(13): 899 – 906.

[247] TRACEY J B. A contextual, flexibility-based model of the HR-firm performance relationship[J]. Management Decision, 2012, 50(5): 909 – 924.

[248] TSUI A S, PEARCE J L, PORTER L W, et al. Choice of employee-organization relationship: influence of external and internal organizational factors[J]. Research in Personnel and Human Resources Management, 1995, 13(1): 117 – 151.

[249] VAN DYNE L, VANDEWALLE D, KOSTOVA T, et al. Collectivism, propensity to trust and self-esteem as predictors of organizational citizenship in a non-work setting [J]. Journal of Organizational Behavior, 2000, 21(1): 3 – 23.

[250] VAN HOOFT E A J, DE JONG M. Predicting job seeking for temporary employment using the theory of planned behavior: The moderating role of individualism and collectivism [J]. Journal of Occupational and Organizational Psychology, 2009, 82(2): 295 – 316.

[251] VANDENBERG R J, RICHARDSON H A, EASTMAN L J. The impact of high involvement work processes on organizational effectiveness a second-order latent variable approach[J]. Group & Organization Management, 1999, 24(3): 300 – 339.

[252] VARGO S L, LUSCH R F. Evolving to a new dominant logic for marketing[J]. Journal of Marketing, 2004, 68(1): 1 – 17.

[253] VINCENT A S, DECKER B P, MUMFORD M D. Divergent thinking, intelligence, and expertise: a test of alternative models[J].

Creativity Research Journal, 2002, 14(2):163 - 178.

[254] WAGNER J A. Studies of individualism-collectivism: effects on cooperation in groups[J]. Academy of Management Journal, 1995, 38(1): 152 - 173.

[255] WANG C W, HORNG R Y. The effects of creative problem solving training on creativity, cognitive type and R&D performance[J]. R&D Management, 2002, 32(1): 35 - 45.

[256] WAY S A. A firm-level analysis of HR flexibility[D]. New Jersey: The State University of New Jersey, 2006.

[257] WICKRAMASINGHE V, GAMAGE A. High-involvement work practices, quality results, and the role of HR function: an exploratory study of manufacturing firms in Sri Lanka[J]. The TQM Journal, 2011, 23(5): 516 - 530.

[258] WILLIAMS S, PITRE R, ZAINUBA M. Justice and organizational citizenship behavior intentions: fair rewards versus fair treatment[J]. The Journal of Social Psychology, 2002, 142(1): 33 - 44.

[259] WOOD S, DE MENEZES L M. Comparing perspectives on high involvement management and organizational performance across the British economy[J]. The International Journal of Human Resource Management, 2008, 19(4): 639 - 683.

[260] WOODMAN R M, SAWYER J E, GRIFFIN R W. Toward a theory of organizational creativity[J]. Academy of Management Review, 1993, 18(2): 293 - 321.

[261] WRIGHT P M, BOSWELL W R. Desegregating HRM: a review and synthesis of micro and macro human resource management research[J]. Journal of Management, 2002, 28(3): 247 - 276.

[262] WRIGHT P M, DUNFORD B B, SNELL S A. Human resources and the resource based view of the firm[J]. Journal of Management, 2001, 27(6): 701 - 721.

[263] WRIGHT P M, MCMAHAN G C, MCWILLIAMS A. Human resources and sustained competitive advantage: a resource-based perspective[J]. International Journal of Human Resource Management,

1994，5(2)：301 - 326.

[264] WRIGHT P M，SNELL S A. Toward a unifying framework for exploring fit and flexibility in strategic human resource management [J]. Academy of Management Review，1998，23(4)：756 - 772.

[265] XIAO Z，BJÖRKMAN I. High commitment work systems in Chinese organizations：a preliminary measure[J]. Management and Organization Review，2006，2(3)：403 - 422.

[266] YANG J. Knowledge integration and innovation：Securing new product advantage in high technology industry [J]. The Journal of High Technology Management Research，2005，16(1)：121 - 135.

[267] YANG Y C. High-involvement human resource practices，affective commitment，and organizational citizenship behaviors[J]. The Service Industries Journal，2012，32(8)：1209 - 1227.

[268] YOO B，DONTHU N. Book review：culture's consequences：comparing values，behaviors，institutions and organizations across nations[J]. Journal of Marketing Research，2002，39(3)：388 - 389.

[269] YOUNDT M，SNELL S A. Intellectual capital and organizational performance：A resource-based view approach [C]. Annual International Conference of the Strategic Management Society，Orlando，1998.

[270] ZAHRA S A，BOGNER W C. Technology strategy and software new ventures' performance：exploring the moderating effect of the competitive environment[J]. Journal of Business Venturing，2000，15 (2)：135 -173.

[271] ZAHRA S A，GEORGE G. Absorptive capacity：a review，reconceptualization，and extension [J]. Academy of Management Review，2002，27(2)：185 - 203.

[272] ZAHRA S A. Environment，corporate entrepreneurship，and financial performance：a taxonomic approach [J]. Journal of Business Venturing，1993，8(4)：319 - 340.

[273] ZAHRA S A. Governance，ownership，and corporate entrepreneurship：the moderating impact of industry technological opportunities[J].Academy

of Management Journal，1996，39(6)，1713-1735.

[274] ZAIM H，TATOGLU E，ZAIM S. Performance of knowledge management practices：a causal analysis[J]. Journal of Knowledge Management，2007，11(6)：54-67.

[275] ZATZICK C D，IVERSON R D. High-involvement management and workforce reduction：competitive advantage or disadvantage? [J]. Academy of Management Journal，2006，49(5)：999-1015.

[276] ZATZICK C D，IVERSON R D. Putting employee involvement in context：a cross-level model examining job satisfaction and absenteeism in high-involvement work systems[J]. The International Journal of Human Resource Management，2011，22(17)：3462-3476.

[277] ZDUNCZYK K，BLENKINSOPP J. Do organizational factors support creativity and innovation in Polish firms? [J]. European Journal of Innovation Management，2007，10(1)：25-40.

[278] ZHANG A Y，TSUI A S，WANG D X. Leadership behaviors and group creativity in Chinese organizations：The role of group processes [J]. The Leadership Quarterly，2011，22(5)：851-862.

[279] ZHOU J，SHALLEY C E. Research on employee creativity：a critical review and directions for future research[J]. Research in Personnel and Human Resources Management，2003(22)：165-217.

[280] ZHOU K Z，GAO G Y，YANG Z，et al. Developing strategic orientation in China：antecedents and consequences of market and innovation orientations[J]. Journal of Business Research，2005，58(8)：1049-1058.

[281] ZHOU J. Feedback valence，feedback style，task autonomy，and achievement orientation：Interactive effects on creative performance [J]. Journal of Applied Psychology，1998，83(2)：261-276.

[282] ZHOU J. When the presence of creative coworkers is related to creativity：role of supervisor close monitoring，developmental feedback，and creative personality[J]. Journal of Applied Psychology，2003，88(3)：413-422.

[283] ZHOU J，GEORGE J M. When job dissatisfaction leads to creativity：

encouraging the expression of voice [J]. Academy of Management Journal，2001，44(4)：682 – 696.

索　引

Z